DOMINIO**DE**LOS**ACORDES**

PARA**GUITARRA**JAZZ

Guía musical práctica de las estructuras, voicings e inversiones de acordes

JOSEPH**ALEXANDER**

FUNDAMENTAL**CHANGES**

Dominio de los acordes para guitarra jazz

Guía musical práctica de las estructuras, voicings e inversiones de acordes

Publicado por **www.fundamental-changes.com**

ISBN: 978-1911267-39-3

Derechos de autor © 2019 Joseph Alexander

Traducido por: E. Gustavo Bustos

El derecho moral de este autor se ha reconocido.

www.fundamental-changes.com

También de Joseph Alexander

El audio fue grabado por Pete Sklaroff y está disponible en

www.fundamental-changes.com/audio-downloads.

Imagen de portada: ShutterStock Petr Malyshev

Contenido

Introducción

La Primera parte de esta serie le dio un vistazo a la construcción de casi todos los tipos de acordes utilizados en la música moderna. Se dieron tres voicings en posición de la fundamental para cada acorde con el fin de que puedas tener fundamentales en las cuerdas sexta, quinta y cuarta para cada uno.

Estos tres voicings te permitirán tocar el ritmo de prácticamente *cualquier* pieza musical, especialmente en el jazz donde los sonidos de los acordes complejos y alterados son comunes. Deberías ser capaz de encontrar rápidamente por lo menos un "agarre" de un acorde que te permita tocar la progresión. La Primera parte también desglosó el diapasón en intervalos alrededor de una fundamental para que puedas construir rápidamente cualquier acorde a partir de los "principios básicos".

La Primera parte no es de ninguna manera un requisito previo para la Segunda parte, aunque entender la construcción de acordes y ser capaz de localizar intervalos en el diapasón será de gran ayuda para lo que viene.

En la Segunda parte, nos estamos centrando en los conceptos de *voicings* e *inversiones* de acordes. Ambas ideas son conceptualmente muy simples: si tenemos cuatro notas en un acorde, los voicings y las inversiones son simplemente diferentes maneras de organizar esas notas. Estos conceptos serán discutidos extensamente a lo largo del libro.

El motivo para estudiar voicings e inversiones es para crear un rico tapiz de sonidos y texturas que se puedan utilizar para crear música. Si escuchas a guitarristas como Joe Pass, Tal Farlow, Jim Hall, Martin Taylor o Barney Kessel (entre *muchos* otros), descubrirás que la mayoría de sus enfoques para tocar la guitarra rítmica se pueden desglosar en muchas de las técnicas de este libro.

Incluso los intérpretes que no están asociados con el estilo de "melodía de acordes" usan muchos voicings e inversiones diferentes en el "acompañamiento improvisado" de su guitarra rítmica. Solo tienes que escuchar a Mike Stern, Wes Montgomery, George Benson, Pat Metheny, John Scofield y otros cientos de intérpretes para oír que sus partes rítmicas rara vez se apoyan en un solo voicing para cada acorde.

Al moverse a través de inversiones y voicings de acordes, y usando "licks de acordes", los grandes guitarristas modernos le añaden enorme profundidad, interés y movimiento incluso a la progresión de acordes más estática.

Los conceptos discutidos en este libro no se limitan de ninguna manera a la guitarra. Oirás estas técnicas utilizadas por intérpretes piano y vibráfono, y dispuestas entre las secciones de vientos, cobres y cuerdas de casi cualquier orquesta.

Los voicings que se enseñan aquí son recursos de arreglos musicales estándar tanto si se tocan por un solista de guitarra como por uno de piano, o dividido en varios instrumentos en una sección orquestal.

Sin lugar a dudas, este libro contiene una enorme cantidad de información que puede tomar meses o años para interiorizar. El truco para incorporar este tipo de información es ponerla en contexto tan pronto como sea posible. Por favor, *no* aprendas los conceptos de este libro como un conjunto de reglas. Toma una idea pequeña a la vez y aplícala en tu interpretación. Pruébala en diferentes tonalidades y en diferentes situaciones musicales. El objetivo no es memorizar todos los conceptos a la vez, sino hacer pequeñas mejoras graduales en tu interpretación.

He tratado de organizar el material de la manera más lógica posible y de mantener la información dada tan útil y práctica como he podido. Hay ocasiones en las que he incluido algunos voicings solo para completar, aunque siendo realista podrían haber otras opciones mejores para utilizar en su lugar. Estas ocasiones son claramente indicadas con una explicación de por qué no se usan comúnmente y qué utilizar en su lugar.

Puede que hayas escuchado la regla del 80/20 que indica que el 80% de tus resultados provienen del 20% de tu esfuerzo. Al centrarte en los acordes y las técnicas que son comúnmente utilizadas por los grandes guitarristas de jazz y no preocupándote por las cosas que son teóricamente posibles, rápidamente lograrás un progreso enorme en tu música.

Al igual que con los otros libros de esta serie, creo que la música se demuestra mejor con bastante notación, diagramas y ejemplos de audio reales. Puedes descargar todos los ejemplos de audio y las pistas de acompañamiento de este libro en **www.fundamental-changes.com/audio-downloads** totalmente gratis. Estos realmente te ayudarán a mejorar más rápidamente.

Como siempre, ve despacio y diviértete.

Joseph

Obtén el audio

Los archivos de audio de este libro se pueden descargar de forma gratuita en **http://www.fundamental-changes.com/** y el enlace se encuentra en la esquina superior derecha. Sólo tienes que seleccionar el título de este libro en el menú desplegable y seguir las instrucciones para obtener el audio.

Te recomendamos descargar los archivos directamente a tu computador, no a tu tableta, y extraerlos allí antes de añadirlos a tu biblioteca multimedia. Luego, ya puedes ponerlos en tu tableta, iPod o grabarlos en un CD. En la página de descarga hay un archivo de ayuda en PDF y también ofrecemos soporte técnico a través del formulario de contacto.

Kindle / eReaders

Para sacarle el mayor provecho a este libro, recuerda que puedes pulsar dos veces cualquier imagen para verla más grande. Apaga la "visualización en columna" y mantén tu Kindle en modo horizontal.

Para ver más de 350 lecciones de guitarra gratuitas con videos visita:

www.fundamental-changes.com

FB: **FundamentalChangesInGuitar**

Instagram: **FundamentalChanges**

Capítulo 1: Voicings e inversiones

La frase "voicing de acorde" se refiere a la forma en que se organizan las notas de un acorde tanto en la notación musical como en nuestro instrumento.

En la Primera parte señalé que un acorde de "7ma" contiene cuatro notas; la fundamental, la tercera, la quinta y la 7ma de la escala madre. La forma más fácil de organizar estas notas es apilándolas una sobre otra. Por ejemplo, el acorde C de 7ma mayor (CMaj7) tiene la fórmula 1 3 5 7 lo que genera las siguientes notas:

C, E, G y B.

Estas notas pueden ser apiladas de la siguiente manera:

Ejemplo 1a:

Observa cómo las notas C, E, G y B están expresadas en orden de grave a agudo. Cuando los tonos de acorde están ordenados de esta manera (1 3 5 7) se llama un acorde en disposición cercana.

El ejemplo anterior es una forma perfectamente legítima para expresar un acorde CMaj7; sin embargo, una manera mucho más común de expresar los acordes en la guitarra es usando voicings de "drop". Hay tres tipos principales de voicings de drop que se pueden tocar en la guitarra:

Drop 2

Drop 3

Drop 2 – 4

Lo que los músicos quieren decir cuando dicen "voicings de drop" es que una o más de las notas de la estructura del acorde se han bajado una octava.

Por ejemplo, en un voicing de drop 2 *la segunda nota más alta se baja una octava.*

Este concepto se muestra en el siguiente ejemplo. (No te preocupes por tocar los ejemplos en este capítulo, solo asegúrate de sentirte cómodo con los conceptos descritos aquí.)

Ejemplo 1b:

En el ejemplo anterior se puede ver que la segunda nota más alta (G) se ha bajado una octava y ahora está por debajo de la fundamental del acorde (C).

El voicing de drop 2 resultante es todavía un acorde CMaj7, pero ahora suena bastante diferente del voicing en disposición cercana original.

En un voicing de drop 3, la tercera nota más alta se baja una octava.

Ejemplo 1c:

Por último, en los voicings de acordes drop 2–4 se bajan por una octava *tanto* la segunda como la cuarta nota más alta.

Ejemplo 1d:

En el ejemplo 1d, las notas G y C se bajan una octava para formar un nuevo voicing del acorde CMaj7.

Los voicings de drop 2, drop 3 y drop 2-4 son estructuras de acordes de uso común en la música. Gran parte de este libro trata sobre la exploración de su aplicación práctica en la guitarra.

Hay otro punto esencial para entender antes de ver la aplicación de estos voicings en la guitarra. Es el concepto de las *inversiones*.

Cuando la fundamental del acorde se toca en el bajo, se dice que ese voicing está en *estado fundamental*. En el contexto de un acorde CMaj7, esto significa que la fundamental del acorde (C) es la nota de *bajo* (la más grave) en el voicing.

Aquí hay dos maneras de tocar un acorde CMaj7 en estado fundamental:

Ejemplo 1e:

Los dos acordes anteriores son CMaj7 en estado fundamental (ambos también son voicings en disposición cercana).

Para crear una inversión del acorde podemos simplemente mover la nota más grave del voicing por una octava hacia arriba. Al hacer esto estamos poniendo la *tercera* del acorde (E) en el bajo.

Ejemplo 1f:

Una vez más, no te preocupes demasiado por tocar estas ideas en la guitarra, solo concéntrate en aprender el concepto. Estos voicings en particular son difíciles de tocar en la guitarra y no son muy útiles. Aprenderás a volverlos útiles en el siguiente capítulo.

El segundo acorde del ejemplo anterior se denomina un acorde de *primera inversión*. El acorde se ha invertido al elevar la nota de bajo una octava, por lo que la tercera del acorde (E) está en el bajo.

Podemos repetir el mismo proceso de elevar la nota de bajo para crear acordes de segunda inversión y de tercera inversión.

El siguiente ejemplo muestra cómo un voicing de acorde en estado fundamental se convierte en una primera, segunda y tercera inversión de acorde al elevar la nota de bajo una octava cada vez.

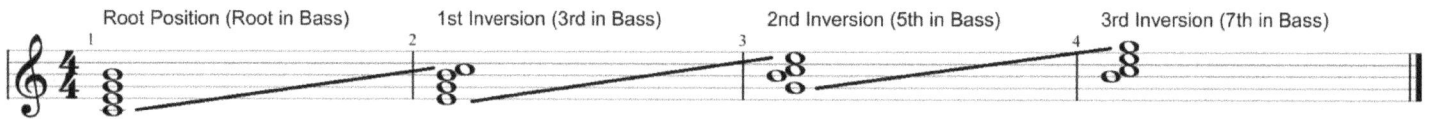

Incluso si no lees mucha música, toma un momento para estudiar el diagrama anterior. El acorde comienza en estado fundamental con la fundamental del acorde (C) en el bajo. En el segundo acorde, el bajo se eleva por una octava por lo que la tercera (E) se convierte en la nota de bajo. En el tercer acorde, la nota de bajo (E) se eleva de nuevo así que la quinta (G) se convierte en la nueva nota de bajo. Por último, en el cuarto acorde la nota de bajo se eleva por una octava otra vez más, de manera que la 7ma (B) se convierte en la nueva nota de bajo.

Si tuviera que repetir el proceso una vez más, ¿ves que el acorde volvería a ser un voicing en estado fundamental? Sería el mismo que el acorde del ejemplo 1e.

Este concepto de inversiones es extremadamente importante porque nos permite crear cuatro voicings de cualquier acorde de cuatro notas.

Cualquiera de las tres estructuras de voicings de drop discutidos anteriormente se pueden tocar en cuatro inversiones. Si tienes en cuenta que muchos de los voicings de drop se pueden tocar en diferentes conjuntos de cuerdas, y que hay cuatro tipos de acordes principales (Maj7, min7, "7" y m7b5), puedes ver rápidamente que podemos resultar con una desconcertante variedad de voicings de acordes y oportunidades melódicas.

Sin embargo, ¡no te desesperes! Este libro analiza todas estas oportunidades de manera organizada y contextual. Vamos a examinar el mejor uso musical de cada uno de los voicings de acordes y cómo desarrollar "licks" de acordes que cubren una amplia variedad de progresiones comunes.

Si realmente quieres desarrollar tu conocimiento de la guitarra rítmica y trabajar en pro del dominio de la guitarra, este tipo de estudio es esencial. Cuando se aborda de la manera correcta, este tipo de práctica no es tan complejo como parece y es una forma divertida y gratificante de abordar la guitarra. ¡También es muy expresiva, musical e *impresionante*!

Puede que hayas oído la frase "aprende la teoría y luego olvídala". Esto es exactamente lo que quiero que hagas ahora.

Todo lo que tienes que saber es que los *voicings de drop* nos permiten organizar un acorde de diferentes maneras, y las *inversiones* son simplemente voicings de acordes con una nota diferente en el bajo.

Vamos a empezar por examinar y aplicar musicalmente los voicings de "drop 2" más comunes en la guitarra.

Capítulo 2: Voicings de drop 2 de Fm7

Los voicings de drop 2 son unos de los voicings de acordes más versátiles y más ampliamente utilizados que se usan en la música moderna. No son específicos de un instrumento y se pueden tocar en cualquier instrumento armónico o se pueden "repartir" entre las partes de una sección de vientos, cobres o cuerdas.

A lo largo de esta sección, vamos a dividir la guitarra en tres grupos de cuerdas, de la primera (E alta) a la cuarta cuerda (D), de la segunda a la quinta cuerda y de la tercera a la sexta cuerda.

Los acordes drop 2 se tocan con mayor frecuencia en los dos grupos más altos de cuerdas (1 – 4 y 2 – 5).

Vamos a empezar por aprender los cuatro voicings de un acorde drop 2 de Fm7 tocado en las cuatro cuerdas superiores. Presta mucha atención al sitio donde se encuentran las fundamentales (cuadrados) en los siguientes diagramas. Al saber dónde están las fundamentales te darás cuenta de que es mucho más fácil transponer estos acordes a otras tonalidades más tarde.

Ejemplo 2a:

Comienza tocando lentamente a través de los cuatro voicings. Recuerda que el voicing final puede ser tocado tanto en el traste 13 como en el primero.

Para ayudarte a memorizar las formas, practica las siguientes ideas sobre la *pista de acompañamiento 1*. No te preocupes demasiado por tocar con un ritmo regular, solo trabaja en la transición fluida entre las cuatro formas.

1) Asciende y desciende por los cuatro voicings. **Ejemplo 2b:**

2) Practica moviéndote entre pares de acordes, por ejemplo, entre la fundamental y la primera o entre la primera y segunda inversión de Fm7. **Ejemplo 2c:**

3) Intenta saltar inversiones tocando fundamental – segunda y luego primera a cuarta. **Ejemplo 2d:**

Por último, trata simplemente de improvisar junto con la pista de acompañamiento 1 y toca estos voicings en donde quieras.

Como se mencionó anteriormente, la clave para usar estos acordes de forma efectiva es siempre saber dónde está la fundamental en cada voicing. El siguiente diagrama muestra donde están situadas todas las notas F en las cuatro cuerdas superiores. Aprende tus voicings en el contexto de estas fundamentales.

F Root Notes

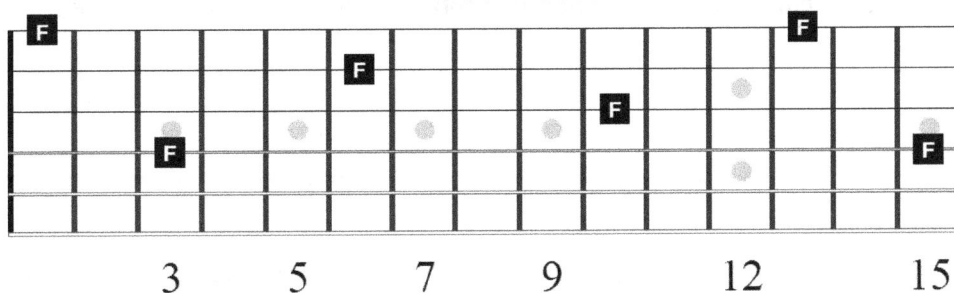

Un consejo útil es escuchar a los grandes pianistas como Bill Evans, Keith Jarrett y Bod Powell, y escuchar la forma en que ellos frasean los acordes rítmicamente, especialmente durante "acompañamientos improvisados" bajo los solos de otros músicos.

La siguiente etapa de la interiorización de estos voicings de acordes es unirlos mediante la adición de una línea de *walking bass* en medio de las notas más graves de cada forma de acorde. Para ello, vamos a imaginar que estamos en la tonalidad de F menor y usamos la escala de F menor (eólica) bebop para "caminar" entre los voicings.

La escala de F menor bebop se puede tocar así a lo largo de la cuarta cuerda de la guitarra:

F Minor Bebop

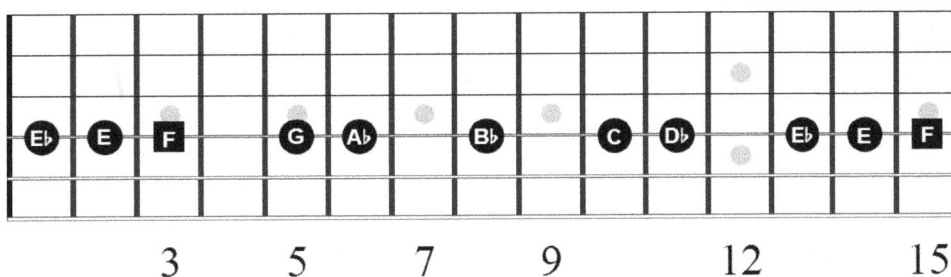

Comienza tocando el voicing más bajo posible del acorde Fm7:

Observa que la nota más baja en este voicing (Eb) está contenida en la anterior escala de F menor bebop.

Toca el acorde anterior en el pulso uno del compás y en el pulso dos toca la nota siguiente de la escala de F menor bebop (E) antes de tocar el siguiente voicing disponible de Fm7 en el pulso tres.

Ejemplo 2e:

Continúa moviéndote entre voicings de Fm7 a medida que asciendes el diapasón de la manera anterior. Hay una nota de escala entre cada voicing de acorde. Aquí está la secuencia ascendente completa.

Ejemplo 2f:

Es posible que tengas que pensar cuidadosamente en tu digitación entre la segunda y la tercera inversión del acorde Fm7.

Ahora intenta descendiendo a través de los cuatro voicings.

Ejemplo 2g:

No te preocupes demasiado por permanecer dentro del ritmo estricto al principio, simplemente mira si puedes tocar a través de los ejemplos sin cometer errores.

A medida que adquieras confianza trata de juntar los ejemplos ascendentes y descendentes sin dejar espacios.

Ejemplo 2h:

Las líneas de *walking bass* son un tema en sí mismos y se tratarán en la Tercera parte de esta serie cuando nos fijemos en la interpretación de la melodía de acordes. En el contexto del aprendizaje de voicings de acordes son, sin embargo, una excelente herramienta musical que te ayuda a memorizar y a formar voicings de drop 2 de forma rápida y precisa.

Ten en cuenta que Fm7 no siempre será el acorde tónico en una tonalidad. Por ejemplo, podría ser el acorde ii en la tonalidad de Eb mayor, o el acorde vi en la tonalidad de Ab mayor. En esas circunstancias usaríamos diferentes escalas para derivar las notas para la línea de bajo. Ellas normalmente estarán fuertemente relacionadas con la tonalidad de la progresión.

En este libro, Fm7 siempre será el acorde tónico de la progresión a menos que se indique lo contrario.

Antes de continuar, asegúrate de poder formar estos voicings de m7 en otras tonalidades. Como se ha mencionado, conocer cada acorde en el contexto de su fundamental es el secreto para tocarlos en otras tonalidades.

Aprende los voicings de los acordes menores de 7ma en las siguientes tonalidades.

1) Bb menor

2) Eb menor

3) C menor

4) G menor

Las fundamentales se muestran en la siguiente página:

Bb Root Notes

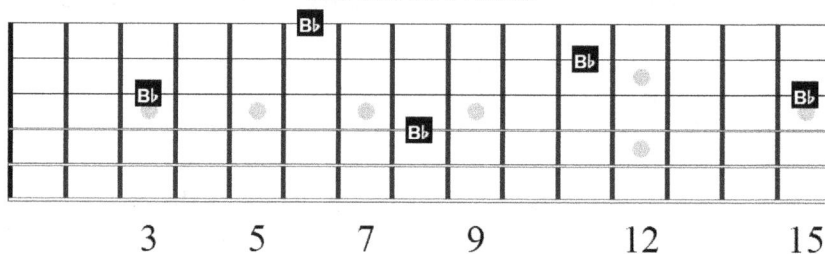

Eb Root Notes

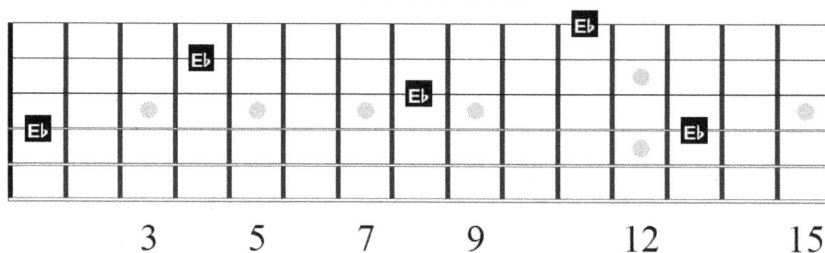

C Root Notes

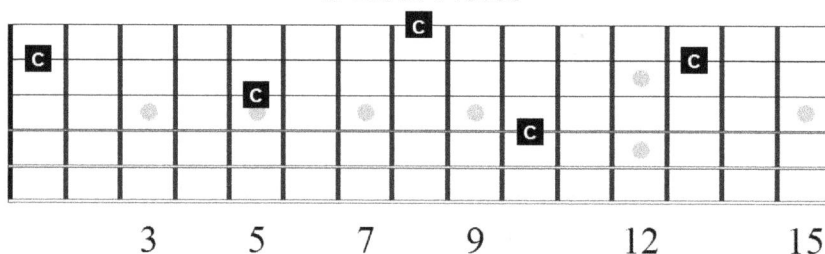

G Root Notes

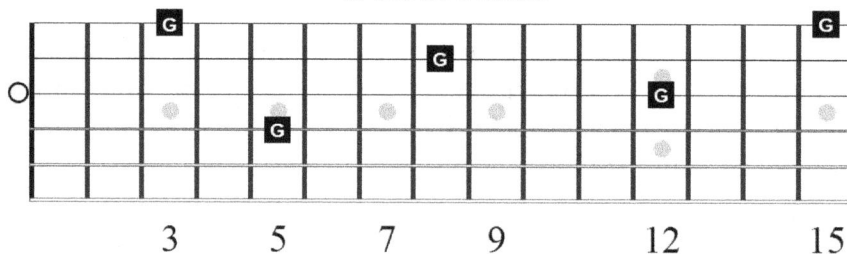

Practica el uso de todas las técnicas de la página 10 para ayudarte a interiorizar los acordes y también intenta añadir la línea de walking bass a medida que te mueves entre voicings.

Además, deberías revisar el capítulo 18, donde hay ejercicios basados principalmente en ciclos musicales comunes. Estos ejercicios son la clave para desarrollar tu capacidad, visión y creatividad como guitarrista. Los ejercicios del capítulo 18 no son fáciles, pero son los que te ayudarán a dominar cualquier tipo de acorde, voicing o inversión de forma rápida y con maestría.

Después de *cada uno* de los capítulos de este libro valdrá la pena aplicar los ejercicios del capítulo 18 a cualquier voicing o inversión de acordes nuevos.

A continuación, vamos a permanecer en el grupo de las cuatro cuerdas superiores y daremos un vistazo al acorde dominante de Fm7: C7.

Capítulo 3: Voicings de drop 2 de 7ma dominante

En este capítulo vamos a explorar las inversiones del acorde drop 2 C7 dispuesto en las cuatro cuerdas superiores. El acorde de 7ma dominante es extremadamente común en el jazz y con frecuencia se altera con *tensiones cromáticas* (que discutiremos en el capítulo 9). Es esencial dominar el voicing de acorde de 7ma dominante antes de seguir adelante ya que estaremos trabajando bastante con él más adelante en este libro.

Los cuatro voicings de drop 2 para C7 se tocan de la siguiente manera. Recuerda prestar mucha atención a la ubicación de las fundamentales en cada forma.

Ejemplo 3a:

Tocar estos acordes de bajo a alto en el diapasón nos da lo siguiente.

Ejemplo 3b:

Repite los pasos del capítulo 2 para memorizar y usar estos voicings.

1) Asciende por los voicings del más bajo al más alto.

2) Desciende por los voicings del más alto al más bajo.

3) Muévete entre pares de acordes, ascendiendo o descendiendo gradualmente por el diapasón.

4) Salta los acordes y toca los voicings alternos ascendiendo y descendiendo por el diapasón (como en el ejemplo 2d).

5) Improvisa con la pista de acompañamiento 2, un groove estático de C7.

6) Une los acordes con una línea de walking bass.

Para la línea de walking bass recomendaría usar la escala de C mixolidio bebop de enseguida, aunque esto cambiará dependiendo del contexto.

Ejemplo 3c:

C Mixolydian Bebop

Con una línea de walking bass, los cuatro voicings del acorde C7 se pueden tocar de la siguiente manera:

Ejemplo 3d:

Una vez más, el uso de líneas de walking bass es bastante complicado, pero muy eficaz. Comienza muy lentamente y sin preocuparte por tocar en el ritmo. A medida que mejores, comienza a usar un metrónomo y concéntrate más en tocar dentro del tiempo.

Cuando te sientas más seguro con las conexiones de la línea de walking bass, intenta tocar los voicings de 7ma dominante con fundamentales de F, G, Bb y Eb.

La siguiente etapa es aprender los voicings de C7 en un contexto musical. Podemos hacer esto combinándolos con los voicings de Fm7 del capítulo anterior.

La progresión V – I es el movimiento de acordes más común en la música. Al vincular los acordes C7 y Fm7 vamos a dominar rápidamente algunos de los movimientos de acordes más importantes en la guitarra.

Para comenzar, encuentra los voicings de C7 y Fm7 que estén más cercanos en el diapasón. Estos pares de acordes se pueden ver en los siguientes ejemplos.

Ejemplo 3e:

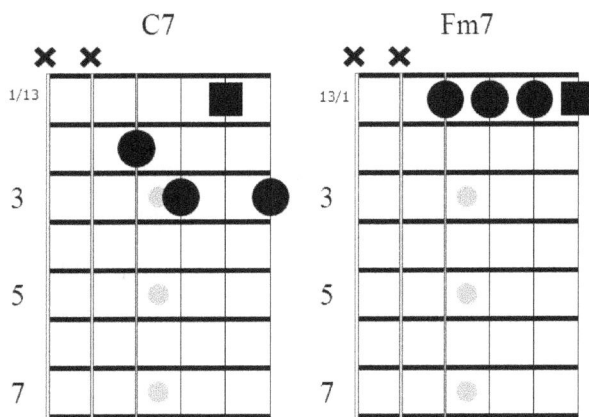

Ejemplo 3f:

Ejemplo 3g:

Ejemplo 3h:

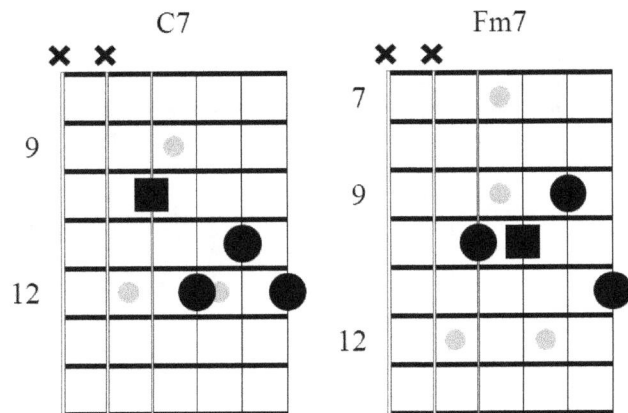

Trata de unir estas secuencias de acordes para conformar una línea más larga que ascienda por el diapasón.

Ejemplo 3i:

O que descienda el diapasón.

Ejemplo 3j:

Esta vez, en lugar de pensar en términos de pares de acordes más cercanos, asciende un voicing cada vez para que la nota de la melodía siempre suba de tono cuando sea posible.

Ejemplo 3k:

Por último, revierte esta idea de manera que la melodía descienda siempre que sea posible.

Ejemplo 3l:

Puedes practicar todos los ejemplos anteriores sobre la pista de acompañamiento 3, un acompañamiento improvisado que pasa de C7 a Fm7 de manera repetitiva.

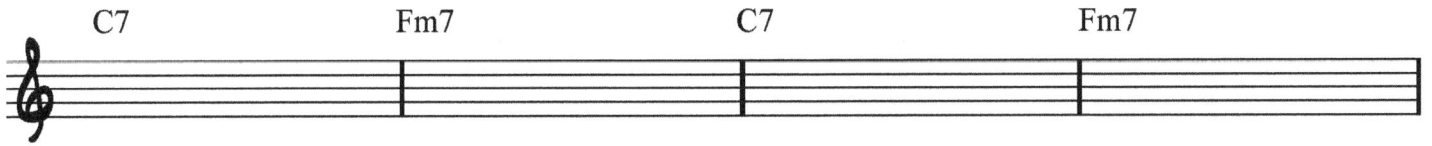

| C7 | Fm7 | C7 | Fm7 |

Como siempre, practica estas ideas lentamente y asegúrate de haber memorizado por completo los cuatro voicings de cada acorde drop 2 antes de probarlos en diferentes tonalidades.

Toca las ideas que se muestran en los ejemplos 3i a 3l en las siguientes tonalidades.

1) Bb menor (F7 – Bbm7)

2) Eb menor (Bb7 – Ebm7)

3) C menor (G7 – Cm7)

4) G menor (D7 – Gm7)

Trata de tocar estas progresiones en algunos de los ejercicios del capítulo 18.

Hemos visto muchas maneras de tocar a través de la progresión V – I usando acordes drop 2 en las cuatro cuerdas superiores. En el siguiente capítulo vamos a introducir acordes ii en una tonalidad menor: el acorde m7b5.

Capítulo 4: Voicings de drop 2 de menor 7b5

Hemos estudiado tanto el acorde tónico menor como el de 7ma dominante en la tonalidad de F menor. Para extender esta progresión vamos a añadir el acorde ii, Gm7b5, con el que podemos formar la importante progresión ii V i menor.

Los cuatro voicings de drop 2 para Gm7b5 se tocan de la siguiente manera. Recuerda prestar mucha atención a la ubicación de las fundamentales en cada forma.

Ejemplo 4a:

Repite los siguientes pasos para memorizar e interiorizar el sonido de estos voicings.

1) Asciende por los voicings del más bajo al más alto.

2) Desciende por los voicings del más alto al más bajo.

3) Muévete entre pares de acordes, ascendiendo o descendiendo gradualmente por el diapasón.

4) Salta los acordes y toca los voicings alternos ascendiendo y descendiendo por el diapasón (como en el ejemplo 2d).

5) Improvisa con la pista de acompañamiento 4, un groove estático de Gm7b5.

6) Une los acordes con una línea de walking bass.

Utiliza la siguiente escala locria bebop para unir los voicings de acordes.

Ejemplo 4b:

G Locrian Bebop

Con una línea de walking bass, los cuatro voicings del acorde Gm7b5 se pueden tocar de la siguiente manera:

Ejemplo 4c:

Recuerda que usar líneas de walking bass es bastante complicado, pero muy eficaz. Comienza muy lentamente y sin preocuparte por tocar en el ritmo. A medida que mejores, comienza a usar un metrónomo y concéntrate más en tocar dentro del tiempo hasta que estés aumentando la velocidad del metrónomo y digitando fácilmente cada acorde.

Cuando te sientas más seguro con las conexiones de la línea de bajo, intenta tocar los voicings m7b5 con fundamentales de Eb, C, Bb y Db.

Para reforzar estos voicings de acordes m7b5 y ponerlos en un contexto musical, ahora vamos a aprenderlos junto con los acordes C7 y Fm7 de los dos capítulos anteriores.

Quizás recuerdes que una de las mejores maneras de practicar estos acordes es encontrando el mínimo movimiento posible entre los cambios de acordes. Como ya dominaste el paso de C7 a Fm7 en el capítulo anterior, añadir el Gm7 para formar una ii V i menor completa no debería tomar mucho tiempo.

Para ahorrar espacio, las cuatro siguientes secuencias de acordes se combinan en una línea de notación a continuación.

Ejemplo 4d:

Ejemplo 4e:

Ejemplo 4f:

Ejemplo 4g:

Gm7b5   C7   Fm7

Ejemplos 4d – 4g:

Gm7♭5 C7 Fm7   Gm7♭5 C7 Fm7   Gm7♭5 C7 Fm7   Gm7♭5 C7 Fm7

Estas ideas son muy eficaces cuando se desciende el diapasón:

Ejemplo 4h:

Gm7♭5 C7 Fm7   Gm7♭5 C7 Fm7   Gm7♭5 C7 Fm7   Gm7♭5 C7 Fm7

Una técnica muy eficaz es usar voicings que hagan que la nota de la melodía de la primera cuerda asciendan con cada cambio de acorde. Al comenzar en diferentes puntos del diapasón hay por lo menos dos formas diferentes para lograr una melodía constantemente ascendente.

Ejemplo 4i:

Ejemplo 4j:

Practica la misma secuencia de acordes, pero esta vez encuentra maneras de hacer que la melodía de la primera cuerda descienda en cada voicing.

Puedes practicar la progresión de acordes ii V i de este capítulo con la pista de acompañamiento 5:

Probablemente ya sepas que la progresión ii V i menor aparece muy frecuentemente en la música de jazz. Al tener estas secuencias comunes bajo tus dedos siempre tendrás "lick de acordes" interesantes y melódicos para tocar. Conocer estos tipos de cambios al derecho y al revés también es esencial para cuando comencemos a añadir tensiones cromáticas al acorde V en el capítulo 9.

No olvides practicar estas secuencias en otras tonalidades. Algunas de las más útiles incluyen Bb menor, G menor, D menor y Eb menor. Trata de tocar estas progresiones en algunos de los ejercicios del capítulo 18.

Capítulo 5: Voicings de drop 2 de 7ma mayor

Hemos visto tres de los cuatro principales tipos de acordes de "7ma" de la música moderna, m7, "7" y m7b5. La última calidad de acorde que tenemos que examinar (por ahora) es el acorde de 7ma mayor o Maj7. Continuando el trabajo en la tonalidad de F menor, hay un acorde de 7ma mayor en el sexto grado de la escala; DbMaj7.

Con un acorde DbMaj7 bajo nuestros dedos podremos tocar otra progresión musical común: iim7b5 – V – I – bVI, lo que se convierte en Gm7b5 – C7 – Fm7 – DbMaj7 en la tonalidad de F menor.

Como esta secuencia de acordes utiliza los cuatro tipos de acorde de 7ma, es un vehículo excelente para la práctica para usar cuando aprendemos cómo funcionan estos voicings en la guitarra.

Las cuatro formas drop 2 de DbMaj7 que tienes que saber son las siguientes.

Ejemplo 5a:

Estas se pueden organizar de bajo a alto en el diapasón de la siguiente manera.

Ejemplo 5b:

Como siempre, repite estos pasos para memorizar e interiorizar el sonido de estos voicings.

1) Asciende por los voicings del más bajo al más alto.

2) Desciende por los voicings del más alto al más bajo.

3) Muévete entre pares de acordes, ascendiendo o descendiendo gradualmente por el diapasón.

4) Salta los acordes y toca los voicings alternos ascendiendo y descendiendo por el diapasón (como en el ejemplo 2d).

5) Improvisa con la pista de acompañamiento 6, un groove estático de DbMaj7.

6) Une los acordes con una línea de walking bass.

Las notas de la línea de bajo se pueden tomar de la escala de Db mayor pero en este contexto es un poco más difícil de usar debido a los voicings que están a un semitono de distancia entre la 7ma y la fundamental.

Ejemplo 5c:

Db Major

Estudia el siguiente ejemplo y observa cómo utilizo un patrón de *nota de aproximación* en el bajo para mantener los acordes en el pulso.

Ejemplo 5d:

Asegúrate de poder tocar estos voicings en las tonalidades de Bb, C, Eb, F y G. Recuerda que debes estar absolutamente seguro de dónde están las fundamentales en cada forma.

Ahora hemos cubierto los cuatro tipos básicos de acordes de "7ma": Maj7, m7, 7 y m7b5. Ahora vamos a combinarlos en la siguiente secuencia de acordes ii V i VI menor: Gm7b5, C7, Fm7, DbMaj7.

Empieza por encontrar la manera más cercana posible para moverte entre estos acordes en cada posición en el diapasón. Los siguientes ejemplos se combinan en una línea de notación debajo de los diagramas para ahorrar espacio.

Ejemplo 5e:

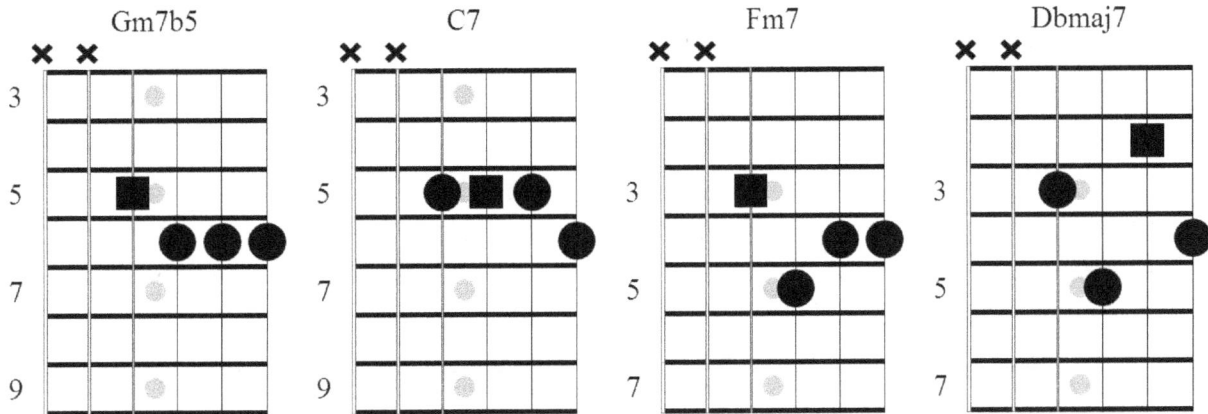

Ejemplo 5f:

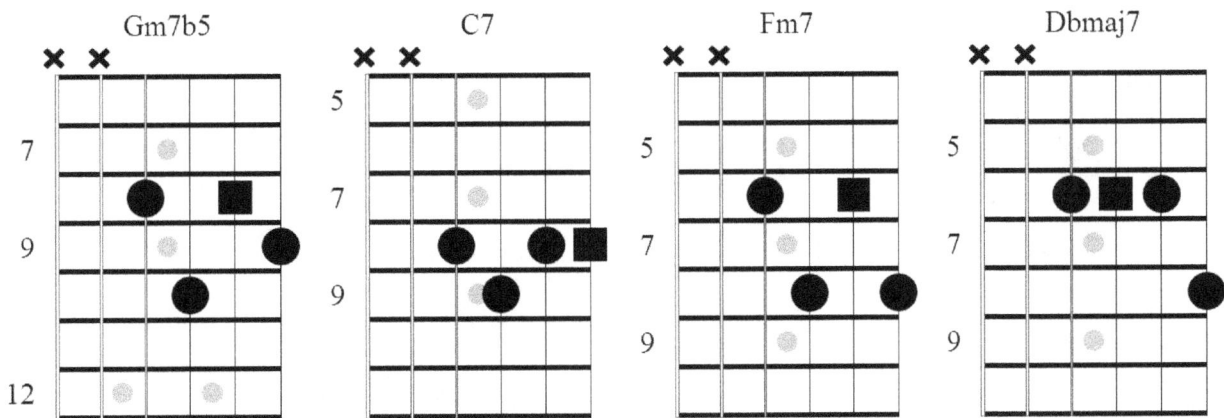

Ejemplo 5g:

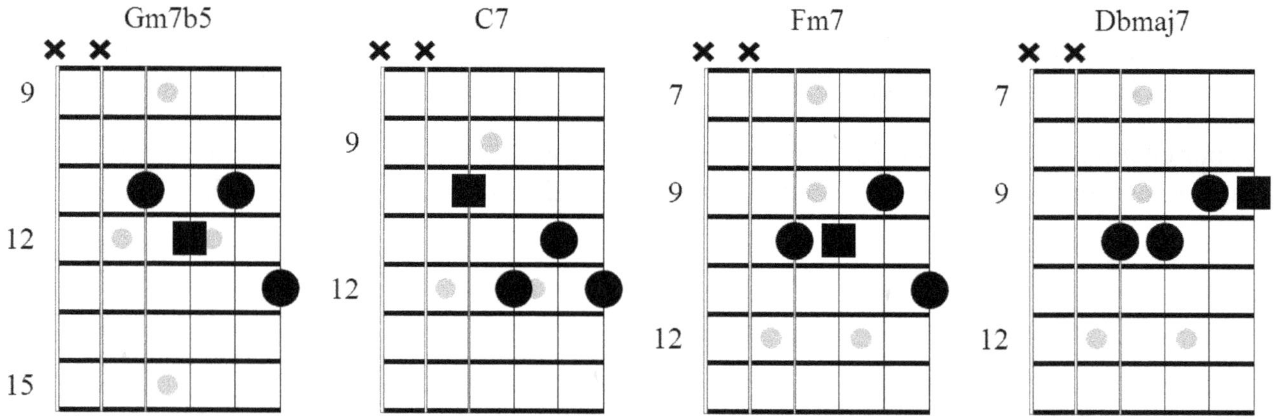

Ejemplo 5h:

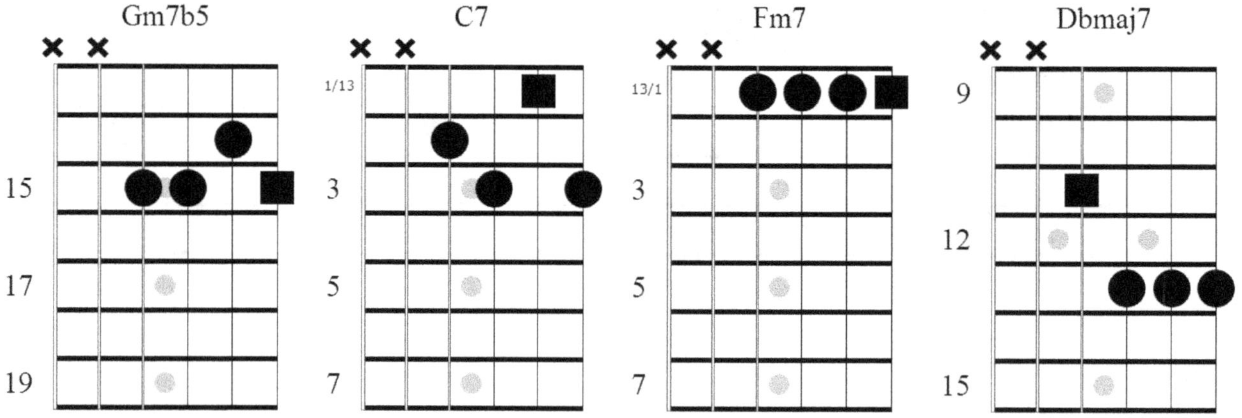

Ejemplos 5e – 5h:

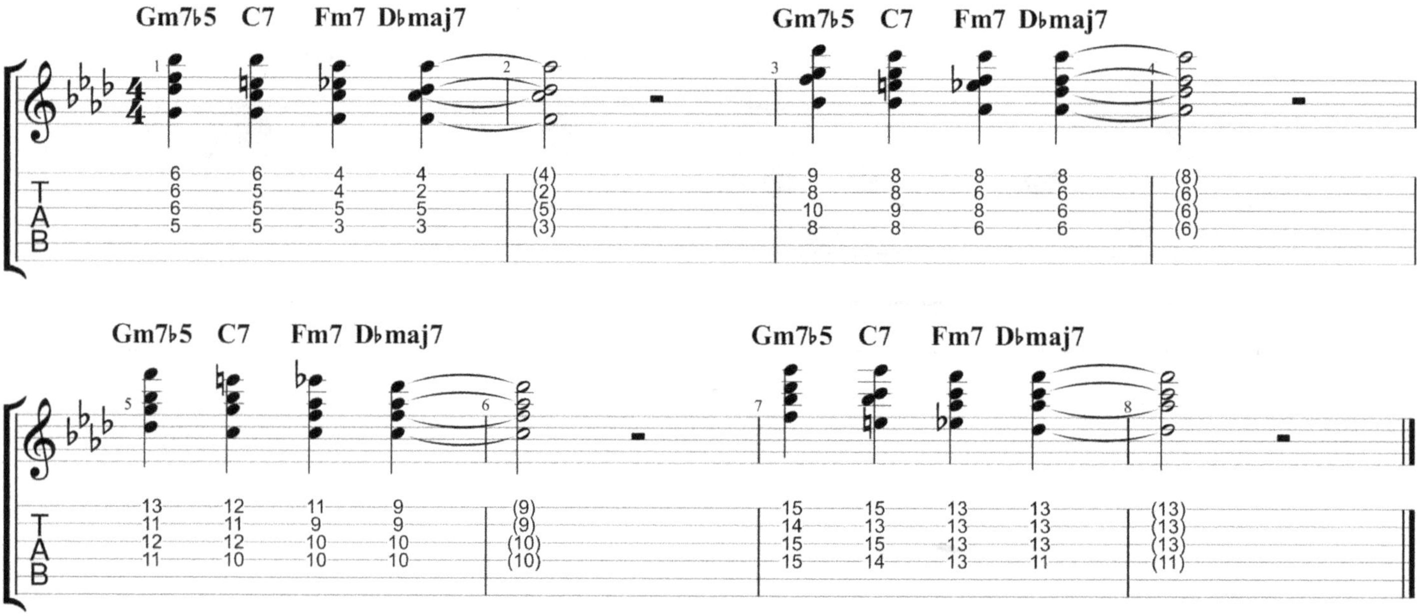

Observa que solo cambia una nota entre Fm7 y DbMaj7.

Prueba estas secuencias ascendiendo y descendiendo por el diapasón. También puedes practicar ideas donde hagas ascender o descender la nota de la melodía en la primera cuerda en cada cambio de acorde.

Ejemplo 5i:

Otra manera de abordar esta secuencia podría ser tocar los dos primeros acordes en una "posición" y los segundos dos en una posición más alta o más baja.

Ejemplo 5j:

Por último, trata de tocar los cuatro voicings de cada acorde en un compás. Trata de organizar tu interpretación de modo que el cambio de acorde suceda entre voicings diferentes en cada repetición.

Ejemplo 5k:

Puedes practicar esta idea con la pista de acompañamiento 7. Trata de tocar estas progresiones en algunos de los ejercicios del capítulo 18.

Capítulo 6: Secuencias de acordes drop 2

Hasta ahora, hemos estado trabajando en la construcción de la progresión ii V i bVi menor (Gm7b5 – C7 – Fm7 – DbMaj7) pero hay, por supuesto, muchas otras maneras de utilizar estos cuatro tipos de acordes.

La mayoría de los estándares de jazz se escriben utilizando casi exclusivamente los tipos de acordes Maj7, m7, 7 y m7b5 que hemos estudiado hasta el momento. Por supuesto, se utilizan otros acordes también, pero si estás familiarizado con estos elementos esenciales armónicos principales, rápidamente serás capaz de navegar por cualquier conjunto de cambios de acordes que encuentres.

Para reforzar tu comprensión y fluidez, estudia los siguientes ejemplos que ocurren comúnmente.

Vamos a empezar por armonizar una escala completa y usar voicings de drop 2 para tocar a través de ella. Estos son los acordes que se construyen en cada grado de la escala Db mayor:

Grado de escala	I Maj7	iim7	iiim7	IVMaj7	V7	vim7	viim7b5
Ejemplo en Db mayor	DbMaj7	Ebm7	Fm7	GbMaj7	Ab7	Bbm7	Cm7b5

Para empezar, busca el voicing más bajo posible de Dbmaj7 en el diapasón y luego asciende por el acorde/escala usando un voicing de drop 2 en las cuatro cuerdas superiores cada vez.

Ejemplo 6a:

Ten en cuenta que todos los voicings del ejemplo anterior tienen su fundamental ubicada en la segunda cuerda.

Db Major

Esta vez, vamos a tocar la misma escala armonizada, pero usando un voicing diferente de cada acorde para mantener la fundamental ubicada en la primera cuerda.

La nota más baja en la primera cuerda que se incluye en la escala de Db mayor es F (primer traste).

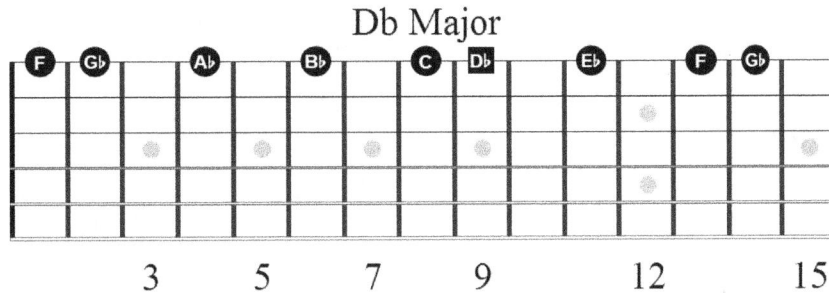

Db Major

Como queremos mantener las fundamentales de cada acorde en la cuerda superior, vamos a tocar la misma secuencia de acordes comenzando a partir del acorde Fm7.

Ejemplo 6b:

Ahora comienza a partir del voicing de drop 2 más bajo disponible con su fundamental en la 3ra cuerda.

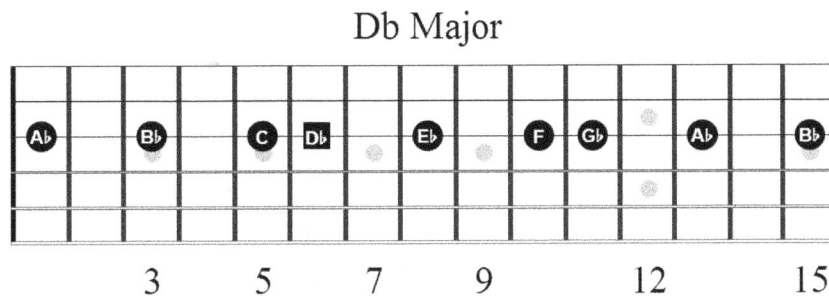

Db Major

Grado de escala	I Maj7	iim7	iiim7	IVMaj7	**V7**	vim7	viim7b5
Ejemplo en Db mayor	DbMaj7	Ebm7	Fm7	Gbm7	**Ab7**	Bbm7	Cm7b5

El acorde drop 2 más bajo disponible que podemos tocar con una fundamental en la tercera cuerda es Ab7. Asciende por todos los acordes en la tonalidad de Db mayor utilizando acordes drop 2, mientras mantienes la fundamental de cada acorde en la tercera cuerda.

Ejemplo 6c:

Por último, encuentra el acorde drop 2 con la fundamental más baja posible en la cuarta cuerda.

Db Major

Grado de escala	I Maj7	**iim7**	iiim7	IVMaj7	V7	vim7	viim7b5
Ejemplo en Db mayor	DbMaj7	**Ebm7**	Fm7	Gbm7	Ab7	Bbm7	Cm7b5

El acorde drop 2 más bajo que puedes tocar en la tonalidad de Db mayor con una fundamental en la cuarta cuerda es Ebm7. Una vez más, toca a través de la siguiente escala Db mayor armonizada para 7mas. Todos los acordes drop 2 ahora tienen una fundamental en la cuarta cuerda.

Ejemplo 6d:

Este tipo de ejercicios son muy útiles y se utilizan con frecuencia en la música. Deberían ser practicados en tantas otras tonalidades como sea posible, pero puedes dar prioridad a las tonalidades de C mayor, Bb mayor, Eb mayor y F mayor.

Los cuatro ejemplos anteriores mostraron cómo ascender a través de una escala armonizada utilizando acordes drop 2 con fundamentales en las cuatro cuerdas superiores. Una vez que encontramos el voicing de drop 2 más bajo posible que podemos tocar, ascendemos por el diapasón usando voicings que mantengan la fundamental en la misma cuerda.

Esta vez, vamos a ascender por la escala armonizada aunque ahora vamos a mantener nuestra mano en una sola posición en el diapasón. Este tipo de ejercicio realmente pone a prueba tu conocimiento del diapasón. Para hacer el ejercicio un poco más fácil, nos trasladaremos a una tonalidad más fácil.

Esta vez, vamos a tocar los acordes en el escala de C mayor armonizada:

Grado de escala	I Maj7	iim7	iiim7	IVMaj7	V7	vim7	viim7b5
Ejemplo en C mayor	CMaj7	Dm7	Em7	Fm7	G7	Am7	Bm7b5

Toca a través de la escala de C mayor armonizada utilizando acordes drop 2, pero asegúrate de que *todas* las notas estén contenidas entre la cuerda al aire y el quinto traste. No hay problema en usar cuerdas al aire en voicings de acordes y a veces habrá más de una opción para cada acorde.

Ejemplo 6e:

Repite este ejercicio comenzando en voicings cada vez más altos del acorde CMaj7 y toca todos tus voicings en un rango de cinco trastes. Como siempre, intenta este ejercicio en tonalidades comunes.

A continuación, vamos a ver la secuencia ii V I mayor y a utilizarla para nuestra exploración de extensiones, sustituciones y alteraciones cromáticas de acordes drop 2.

Permaneciendo en la tonalidad de C mayor por simplicidad, la progresión ii V I está formada por los acordes

Dm7 – G7 – CMaj7.

Usando los voicings de drop 2 que ya hemos cubierto, toca a través de la secuencia ii V I en las cuatro posiciones.

Ejemplo 6f:

Al igual que con las secuencias de acordes ii V i y ii V i bIV menores de los capítulos anteriores, practica ascendiendo y descendiendo por el diapasón con voicings de drop 2 en las cuatro primeras cuerdas.

Puedes practicar usando la pista de acompañamiento 8 para ayudarte a escuchar tus ideas en contexto:

No olvides que puedes tocar esta secuencia de acordes de forma que la melodía de la cuerda superior ascienda o descienda. Aquí hay una forma de lograr esto.

Ejemplo 6g:

Si te sientes valiente, podrías añadir el acorde VI a la progresión ii V I. Tócalo ya sea como un acorde m7 o 7. En la tonalidad de C la progresión ii V I VI es Dm7 G7 Cmaj7 Am7 (o A7).

Pasa tanto tiempo como puedas interiorizando las progresiones de este capítulo. Trata de trabajar en una nueva tonalidad cada día. Presta especial atención a la ubicación de la fundamental en cada voicing.

En el siguiente capítulo vamos a aprender cómo crear fácilmente acordes con extensiones naturales utilizando estos componentes esenciales de los acordes drop 2 de 7ma.

Capítulo 7: Añadiendo 9nas naturales a los acordes

Cuando estamos tocando la guitarra rítmica es importante saber que solo porque un símbolo de acorde, tal como CMaj7 esté escrito, no necesariamente significa que CMaj7 sea el único acorde que podemos tocar en ese punto. A menudo, una sustitución sencilla que podemos hacer es tocar un CMaj9 en su lugar. Debemos ser conscientes de que CMaj9 tiene una textura más rica que un acorde CMaj7, pero en términos de su función armónica, CMaj9 es normalmente intercambiable con CMaj7. Si hay algún problema por tocar un acorde de 9na, ¡tus oídos te lo dirán rápidamente!

Es justo decir que cualquier acorde de 7ma (Maj7, m7, 7 o m7b5) normalmente se puede sustituir por un acorde de 9na. Es posible que encuentres algunos problemas con el voicing m7b5 dependiendo de si se deriva de la escala mayor o de la escala menor armónica/melódica, pero actualmente m9b5 es una textura común en la música así que deja que tus oídos sean los que juzguen en última instancia.

Quizás recuerdes de la Primera parte de esta serie que la fundamental de un acorde no es una nota esencial para tocar en un voicing de acorde. Esto es especialmente cierto si estamos tocando en una situación en la que hay un bajista, pianista u órgano tocando las fundamentales de cada acorde. Si ellos se hacen cargo de las fundamentales, esto nos permite tocar armonías más ricas que no incluyan la fundamental.

La forma más fácil de crear un acorde de 9na es simplemente moviendo la fundamental de nuestro voicing de acorde por un tono hacia arriba. Por ejemplo, tomando este voicing de CMaj7 y moviendo la fundamental por un tono hacia arriba, he creado un acorde CMaj9 sin fundamental. **Ejemplo 7a:**

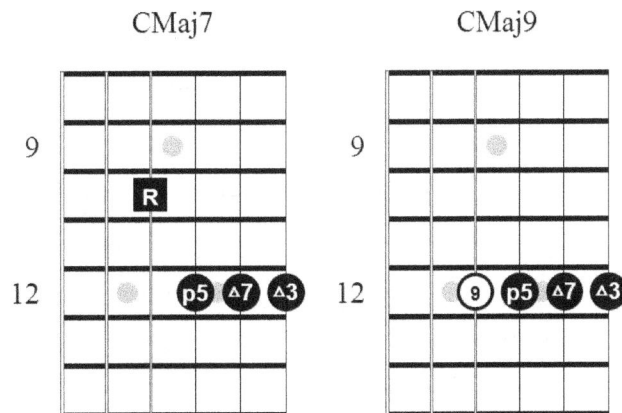

Este principio se puede aplicar a cualquier voicing de CMaj7 u otros acordes de 7ma.

Ejemplo 7b:

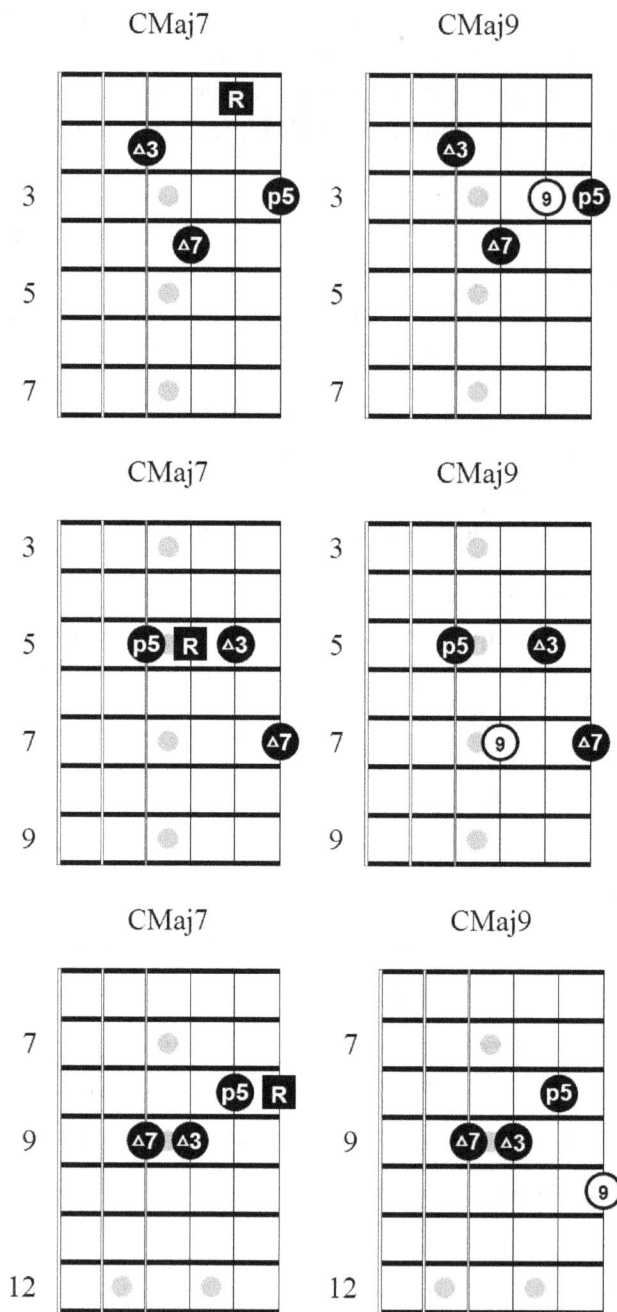

Puede que reconozcas todas las formas de acordes en el lado derecho de los ejemplos anteriores como voicings *m7*. Esto se discutió previamente en la Primera parte de esta serie en el contexto de las *sustituciones*.

Las notas de un acorde CMaj7 son C *E G B D*.

Las notas de un acorde Em7 son E G B D.

El acorde de Em7 puede ser visto como un acorde CMaj9 sin la fundamental. Los músicos a menudo tocan un acorde Em7 en lugar de un acorde CMaj7 para crear una armonía de CMaj9.

Este concepto se puede resumir en la siguiente regla:

Cualquier acorde Maj7 puede ser sustituido por un acorde m7 construido en la tercera del acorde original para crear un Maj9.

Por ejemplo, en lugar de GMaj7 podías tocar Bm7 para crear un sonido GMaj9.

En lugar de Dmaj7 podrías tocar un acorde F#m7 para crear un sonido DMaj9.

Esto puede parecer complicado al principio, pero con la práctica correcta vas a empezar a ver rápidamente oportunidades de sustitución fácilmente. Estas se convertirán en parte de tus "licks" de acordes. Para incorporar estas ideas en tu interpretación, practica el siguiente ejercicio.

Toca a través de una progresión ii V I mayor en C, pero en vez de tocar un acorde CMaj7 en la tónica, mueve la fundamental del acorde por un tono hacia arriba y toca un CMaj9. Trata de visualizar el nuevo acorde tanto como un CMaj7 con la fundamental elevada *y* como un voicing del acorde Em7. Practica este concepto sobre la pista de acompañamiento 8 para que puedas escuchar cómo la 9na añadida afecta al sonido.

Pista de acompañamiento 8:

Ejercicio 7c:

Observa cómo la continuidad armónica cambió en las secuencias anteriores. Solo una nota cambió entre los acordes G7 y CMaj7. Mediante el desarrollo de nuestro conocimiento de sustituciones podemos crear fácilmente líneas de acordes melódicas y fluidas.

Acordes "9"

La idea de que podemos elevar la fundamental de un acorde para convertirse en una 9na se puede aplicar a casi cualquier tipo de acorde.

Para crear un acorde de 9na dominante podemos elevar la fundamental de un acorde de 7ma dominante por un tono.

Ejemplo 7d:

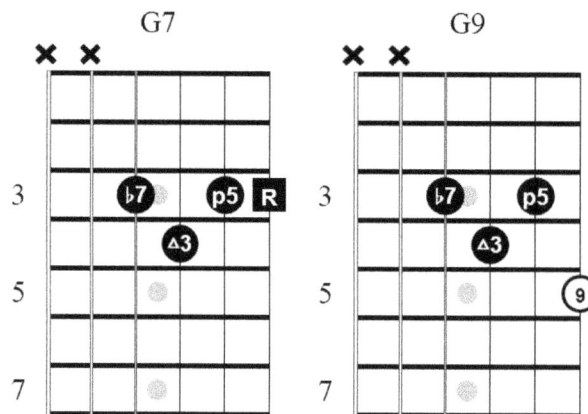

Los cuatro voicings del acorde G7 se pueden tratar de esta manera. Se tocan como sigue.

Ejemplo 7e:

Como puede que ya hayas notado, moviendo la fundamental de un acorde "7" hacia arriba por un tono, creamos un acorde m7b5 construido en la 3ra del acorde original. Todos los acordes G9 del ejemplo anterior se pueden ver como acordes Bm7b5.

Trata de tocar a través de la progresión ii V I de nuevo, pero esta vez sustituye cada acorde G7 por un acorde G9.

Ejemplo 7f:

Por supuesto, debería ser evidente que cualquier acorde CMaj7 puede ser sustituido por un CMaj9 en esta progresión.

Trabaja el ejemplo anterior de nuevo pero usa acordes CMaj9.

Ejemplo 7g:

A medida que avances a través de estas ideas, encontrarás cada vez más formas de tocar a través de la secuencia de acordes ii V I. Mi consejo es simplemente encontrar algunas "vías" a través de los cambios y memorizarlos como licks de acordes de modo que has conseguido algo para tocar de inmediato. A medida que adquieras más experiencia, serás capaz de improvisar con este tipo de voicings y tocar con mayor libertad.

Acordes m9

El acorde m7 se puede convertir en un m9 elevando la fundamental por un tono.

Ejemplo 7h:

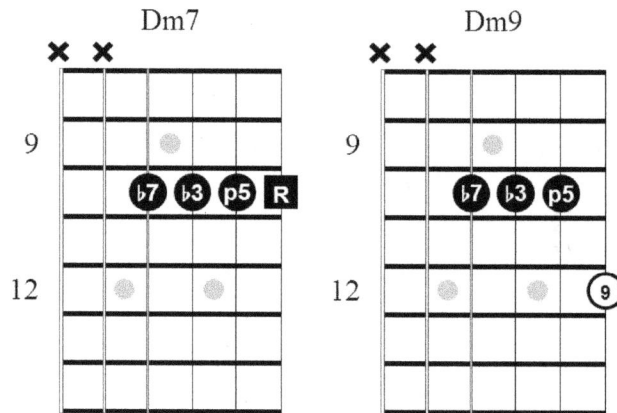

Los cuatro voicings de Dm7 se pueden convertir en acordes m9 de la siguiente manera.

Ejemplo 7i:

Como puedes ver, elevando la fundamental de un acorde m7 estamos creando un acorde Maj7 construido a partir de la 3ra del acorde original. En los ejemplos anteriores puedes ver que un Dm9 puede ser visto como un acorde Fmaj7 sin la fundamental.

Una vez más, vuelve a la progresión ii V I mayor y toca acordes Dm9 en lugar de cada acorde Dm7.

Ejemplo 7j:

Ahora tienes dos opciones que puedes tocar para cada acorde; puede ser un voicing de 7ma o de 9na.

Mira cuántas maneras puedes encontrar para combinar estas texturas. Trata de practicar moviéndote arriba y abajo del diapasón o simplemente permaneciendo en una posición. Aquí hay una manera de tocar a través de la secuencia alrededor del área del quinto traste.

Ejemplo 7k:

Trata de experimentar en todas las áreas del diapasón de esta manera.

Acordes m7b5b9

El acorde m7b5 es más comúnmente visto como construido en la séptima nota de la escala mayor. Este concepto se puede ver en la siguiente tabla:

Grado de escala	I Maj7	iim7	**iiim7**	IVMaj7	V7	vim7	**viim7b5**
Ejemplo en C mayor	CMaj7	Dm7	**Em7**	Fm7	G7	Am7	**Bm7b5**

Cuando el acorde m7b5 se extiende para convertirse en una 9na, es importante tener en cuenta que la extensión correcta en este contexto es *b9*, y no simplemente un 9. Esto se debe a que la distancia de la séptima a la octava nota en la escala mayor es un *semitono*.

Un intervalo de b9 se forma cuando la distancia entre la fundamental del acorde y la 9na es una octava más un semitono.

Un intervalo de 9 natural se forma cuando la distancia entre la fundamental del acorde y la 9na es una octava más un tono.

En el caso que Bm7b5 esté funcionando como acorde vii de C mayor, la nota C solo está un semitono por encima de la nota B. Esto forma un intervalo de b9.

Otro lugar importante donde se produce el intervalo b9 es en el acorde iii de la escala mayor. Este sería el acorde de Em7 en la tonalidad de C. La distancia entre E y F (la 9na de E) también es un semitono, por lo que acorde iii en la escala de C mayor se armonizará "correctamente" a Em7b9.

Sin embargo, el acorde m7b5 también se produce en las escalas menores melódicas y armónicas armonizadas. En estas situaciones se armoniza para convertirse en un acorde m9b5 (un acorde m7b5 con una 9 *natural* añadida que está una octava y un tono por encima de la fundamental).

En resumen, un acorde m7b5b9 es un acorde m7b5 que tiene una novena añadida un *semitono* por encima de la fundamental.

Un acorde m9b5 es un acorde m7b5 que tiene un 9 añadido un *tono* por encima de la fundamental.

Esta información puede parecer un poco intimidante al principio, y cuando lo pones en el contexto de tener que aprender múltiples voicings para cada acorde puede asustar un poco.

Como ya he mencionado en la introducción, algunos voicings de acordes simplemente no son una prioridad para aprender de inmediato, y los acordes m7b5b9 y m9b5 están bastante abajo en orden de importancia.

Mi consejo es el siguiente: prácticamente *nunca* vas a encontrarte en una situación en la que sea esencial tocar un acorde m7b5b9 o m9b5. Si alguna vez lo ves escrito, *siempre* puedes tocar un acorde m7b5 y será perfectamente musical.

Por supuesto, si sabes dónde está la fundamental en un acorde m7b5, solo tienes que elevarla por un semitono o un tono con el fin de obtener la armonía deseada.

Ya conocemos los voicings de acordes para Gm7b5 así que vamos a examinar una de esas formas de nuevo con los intervalos marcados.

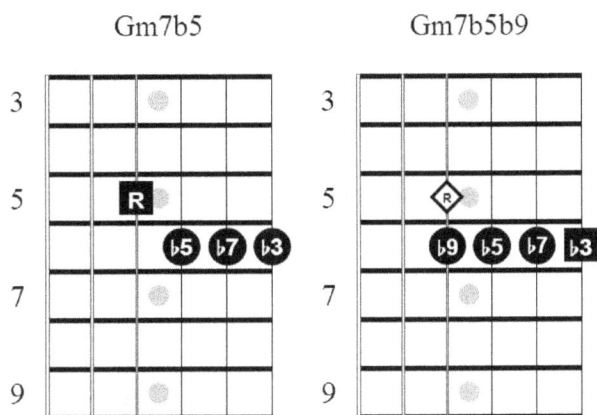

Gm7b5   Gm7b5b9

Con suerte, podrás ver de inmediato que al elevar la fundamental del acorde m7b5 por un semitono creamos un voicing m7 fácil construido sobre la b3 del acorde m7b5. En este caso la sustitución es Bbm7 en lugar de Gm7b5b9.

Las ideas anteriores se pueden resumir como sigue:

Cualquier acorde m7b5 puede ser sustituido por un acorde m7 construido en la b3ra del acorde original para crear un acorde m7b5b9.

Las tres inversiones restantes del acorde m7b5b9 se pueden ver a continuación.

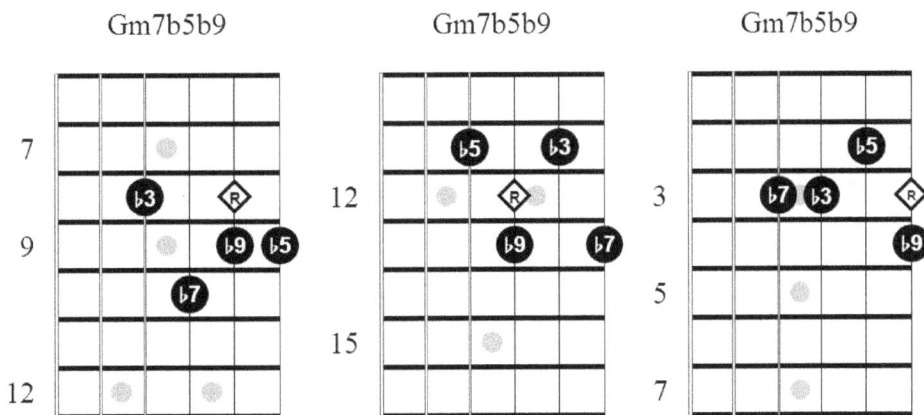

Gm7b5b9   Gm7b5b9   Gm7b5b9

Toca a través de la siguiente secuencia y reemplaza los voicings de m7b5 por un acorde m7b5b9. Trata de tocar esto sobre la pista de acompañamiento 4, un acompañamiento improvisado de Gm7b5.

Ejemplo 7l:

El acorde m7b5b9 casi siempre se puede utilizar en lugar de un acorde m7b5 pero debes tener cuidado, ya que habrá algunas ocasiones en las que un acorde m9b5 debe ser tocado. Tus oídos te advertirán rápidamente sobre estas circunstancias, aunque hay que decir que el tono de m9b5 es un poco más moderno y actual.

Por ahora, practica el acorde m7b5b9 en el contexto de una ii V i menor. Toca la siguiente secuencia, primero con un acorde m7b5 y luego tocando un acorde m7b5b9 (acorde m7 construido a partir de la b3). Utiliza la pista de acompañamiento 5 para ayudarte a oír estos voicings en contexto.

Los cambios de acordes se tocan a la mitad de la frecuencia de los siguientes ejemplos.

Ejemplo 7m:

Asegúrate de poder tocar esta secuencia descendiendo por el diapasón y también en otras tonalidades.

Ejemplo 7n:

No olvides que puedes tocar acordes C9 o Fm9 en lugar de los acordes C7 y Fm7 también.

Ejemplo 7o:

Cuando hayas leído el capítulo 9, también serás capaz de añadir alteraciones cromáticas al acorde C7.

También puedes mezclar los voicings para que no siempre estés ascendiendo o descendiendo por el diapasón. Este tipo de práctica te dará un mayor control sobre la melodía creada por la nota más alta de cada voicing.

Ejemplo 7p:

Capítulo 8: Añadiendo otras extensiones diatónicas

En la Primera parte de *Acordes de guitarra en contexto*, se discutieron en detalle las extensiones disponibles para cada tipo de acorde. Una manera rápida de agregar una extensión diatónica a un acorde drop 2 es elevar o bajar la quinta.

Para crear un acorde de 11va podemos bajar la quinta por un tono y para crear una 13va podemos elevarla por un tono. No todos los voicing de cada tipo de acorde permiten una digitación fácil cuando se aplica esta técnica, pero cuando se combina con las ideas de sustitución, este tipo de extensión diatónica de un voicing de "7ma" puede ser un área de estudio muy valiosa.

Estudia el siguiente voicing de un acorde Dm7. Se muestra el intervalo de cada nota.

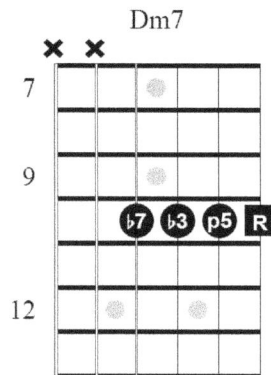

Como puedes ver, la quinta del acorde Dm7 (A) se encuentra en la segunda cuerda. Si deseo crear un acorde m11 simplemente puedo bajar la quinta por un tono. Para crear un acorde m13 puedo elevarla por un tono. Quizás recuerdes que es común incluir las extensiones inferiores de un acorde extendido; por ejemplo, es bastante común incluir una 9na en un acorde de 13va. Estas ideas se muestran aquí.

Ejemplo 8a:

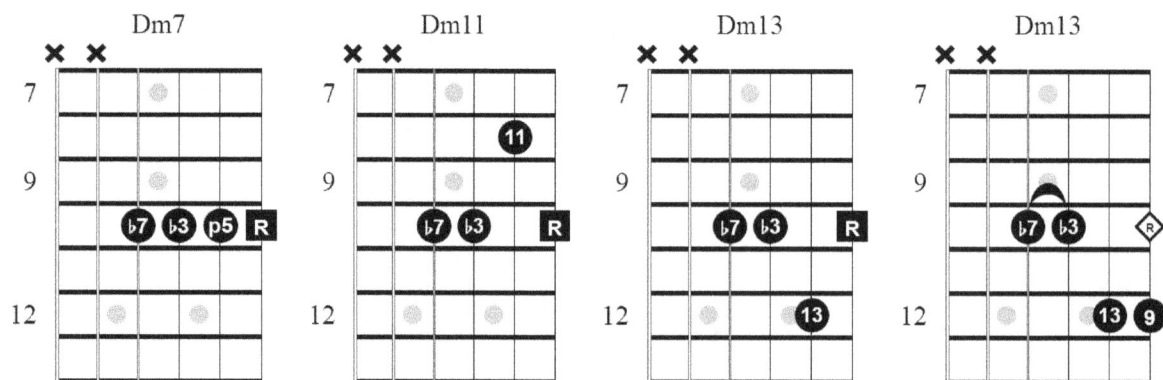

Experimenta con estos voicings de acordes utilizando la pista de acompañamiento 9, un acompañamiento improvisado con Dm7. Trata de escuchar y sentir el efecto que la adición de las 9nas, 11vas y 13vas puede tener en la textura de la armonía.

Desafortunadamente no hay suficiente espacio en este libro para detallar todas las formas posibles de extender cada tipo de acorde de 7ma que hemos cubierto hasta ahora. Sin embargo, aquí se muestran los cuatro voicings de cada acorde con sus intervalos. Si sigues los conceptos descritos hasta ahora, será sencillo crear cualquier tipo de extensión de acorde simplemente mediante la alteración de una o dos notas.

Recuerda que no todos los voicing de acordes son fáciles de ajustar. A menudo, elevar la quinta de un acorde puede hacer que tengas que estirarte demasiado para tocar el voicing o simplemente que no se pueda tocar. Mi consejo es trabajar solo con los voicings más fáciles, ya que hay muchas otras maneras para crear tonos de acordes extendidos usando sustituciones.

Ten en cuenta que no es común añadir una 11va a un acorde Maj7 debido a un choque entre la 3ra y la 11va.

Capítulo 9: Alterando acordes dominantes

Los acordes dominantes alterados se crean cuando se añade una *tensión cromática* a un acorde "7". Las tensiones se añaden alterando uno o más de los tonos de acorde de un acorde dominante o usando una sustitución. Este capítulo trata sobre el concepto de alterar estructuras de drop 2 existentes. En la música, especialmente en el jazz y fusión, las tensiones cromáticas se pueden añadir a prácticamente cualquier acorde funcional de 7ma dominante (que resuelve).

Como aprendiste en el libro 1 de esta serie, solo hay cuatro tipos de tensión que se pueden agregar a un acorde dominante: b5, #5, b9 y #9. Nos podemos referir a algunas de estas tensiones *enarmónicamente* (tienen dos nombres). Un b5 puede escribirse como #11 y un #5 como un b13. Para nuestros propósitos, estos son los mismos intervalos.

Para refrescar nuestra memoria, echa un vistazo a cómo puede ser alterado este acorde dominante 9 estándar para incluir cualquier combinación de las tensiones que queremos incluir.

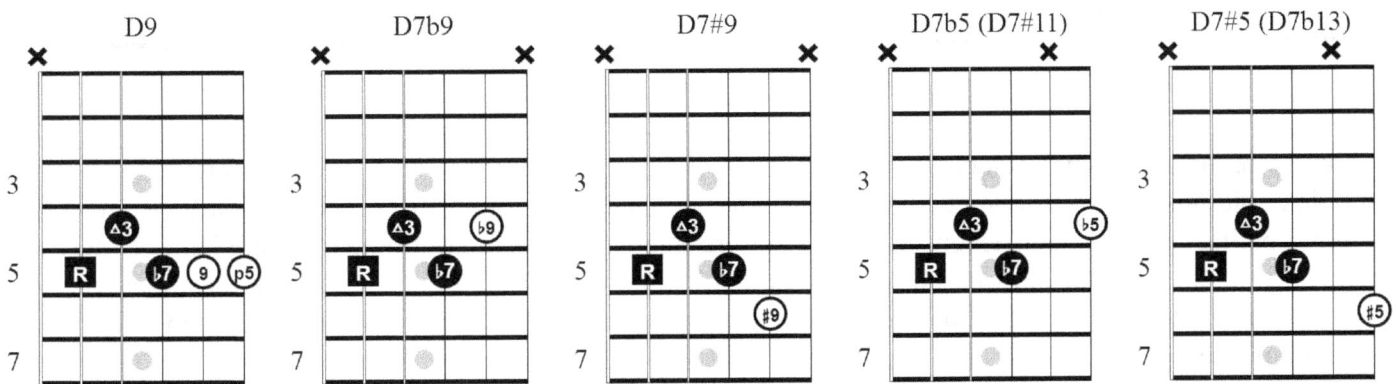

Los voicings de drop 2 "7" que hemos estudiado hasta ahora pueden ser tratados de la misma manera.

Aprendimos en el capítulo anterior que podemos crear un acorde "9" al elevar la fundamental de un acorde "7" por un tono. Esto nos da cuatro voicings de drop 2 que podemos utilizar para crear acordes alterados cromáticamente.

La clave para poder alterar rápidamente los acordes es entender dónde se encuentra cada intervalo en el diapasón.

Por ejemplo, en el siguiente acorde "9" los intervalos se encuentran como sigue. La fundamental con el diamante se muestra solo para referencia:

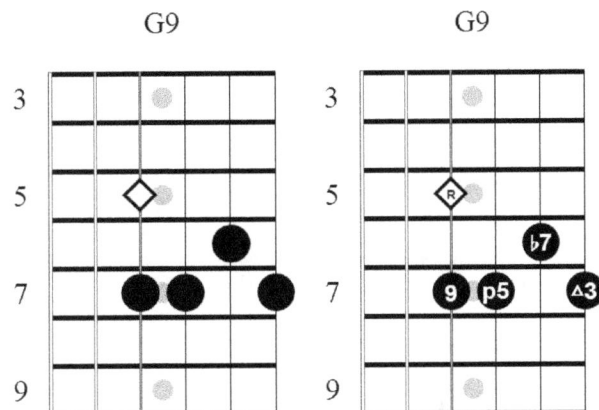

Simplemente moviendo la 5ta o la 9na hacia arriba o abajo por un semitono, podemos crear cualquier acorde dominante alterado cromáticamente sin la fundamental. Toca el siguiente ejemplo para entender cómo funciona esto.

Ejemplo 9a:

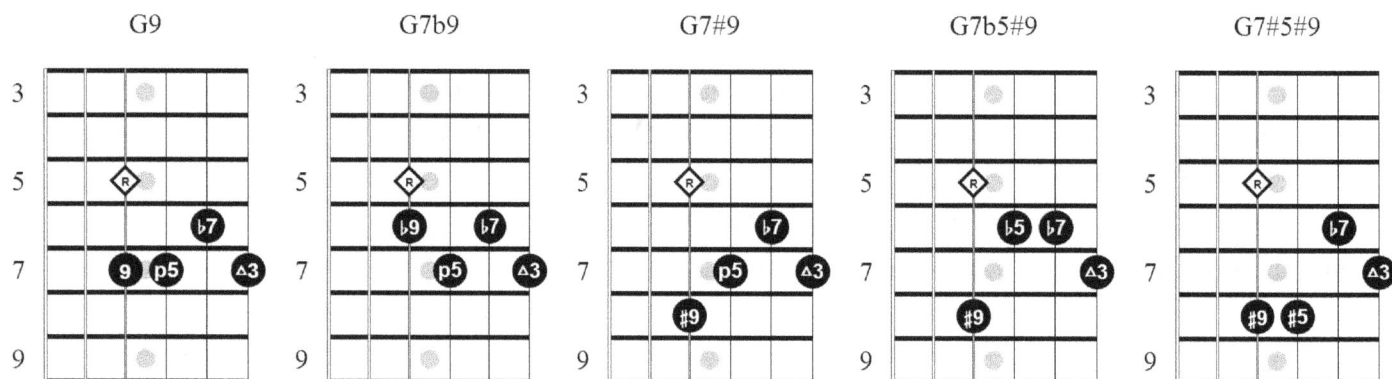

Por supuesto, todas estas permutaciones pueden ser mucho para memorizar, así que te aconsejo que tomes solo uno o dos voicings y trabajes con ellos en el contexto de una progresión ii V7 I o una I VI7 ii V7 y encuentres algunos voicings cuyo sonido te guste y que proporcionen una buena continuidad armónica. No descartes demasiado rápido una tensión que no te guste inmediatamente. El uso exitoso de estas tensiones alteradas a menudo depende enormemente del contexto y de los voicings de acordes que las preceden y las siguen inmediatamente.

Quizás desees comenzar tu investigación con la progresión ii V I (Dm7 G7 CMaj7), ya que solo incluye un acorde dominante para trabajar.

En la progresión I VI7 ii V7, (CMaj7 A7 Dm7 G7) puedes utilizar acordes dominantes alterados en los acordes V y VI (A7 y G7).

Aquí hay algunas ideas para ayudarte a empezar.

Ejemplo 9b:

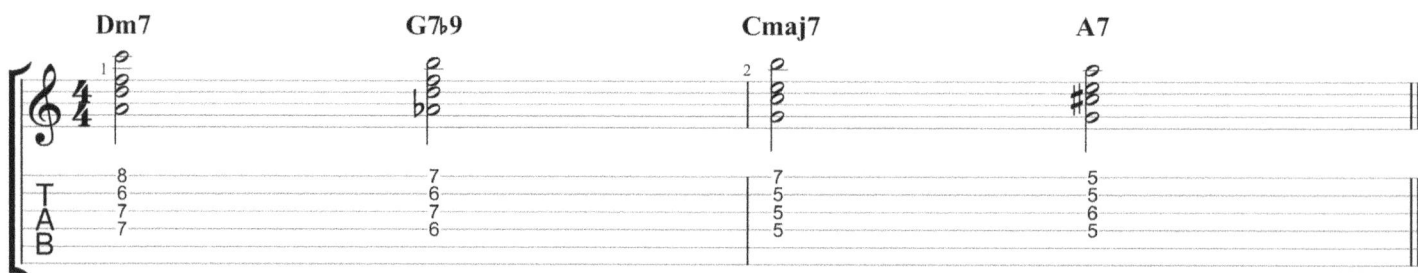

Ejemplo 9c:

Ejemplo 9d:

Como puedes ver en los ejemplos 9c y 9d, también he añadido alteraciones cromáticas al voicing A7. Una vez que puedas ver cualquier voicing de 7ma dominante desde el punto de vista de dónde se encuentran sus intervalos en el diapasón, es fácil entender cómo añadir tensiones.

Aquí están los cuatro voicings de drop 2 de 7ma dominante con sus intervalos y alteraciones disponibles marcadas.

Toca a través de la progresión ii V I mayor en cada posición en la guitarra y añade una o dos alteraciones cromáticas disponibles al acorde G7. No todas las modificaciones serán convenientes en todas las posiciones, así que cíñete a las que son fáciles de tocar. Puedes combinar las tensiones naturales y alteradas, tales como G9b5, o simplemente usar una como G7#5 o G7#9.

A medida que ganes confianza, empieza a incluir también acordes como CMaj7, CMaj9, Dm7, Dm9, Dm11 y Dm13.

Cuando te sientas cómodo con la ii V I mayor, trata de añadir el acorde VI (A7) como en el ejemplo 9c. También puedes experimentar con una progresión ii V I menor. En la tonalidad de C esto sería Dm7b5 – G7 – Cm7.

Empezarás a escuchar que ciertas tensiones en el acorde dominante tienden a llevar hacia diferentes notas. Por ejemplo, una #5 en el acorde dominante a menudo busca una resolución menor, por ejemplo G7#5 – Cm7.

Ejemplo 9e:

Es posible unir secuencias de acordes largas e interesantes que asciendan o desciendan por el diapasón.

Ejemplo 9f:

Si estás teniendo dificultades para ver cómo están formados cualquiera de estos dominantes alterados, consulta los diagramas de la página anterior.

En la siguiente página hay algunas secuencias de acordes comunes para que practiques. Usa acordes drop 2 en las cuatro primeras cuerdas para tocar estas progresiones y añade extensiones diatónicas o alteraciones cromáticas a los voicings como mejor te parezca. Siempre puedes tocar más de un voicing del mismo acorde en un compás. Cambiar voicings nos puede dar una gran cantidad de nuevas posibilidades melódicas cuando se toca la guitarra rítmica.

Por último, recuerda que las 11vas normalmente no van en acordes Maj7 y los acordes de 13va pueden o no incluir la 9na.

Anota tus secuencias de voicings favoritas y utilízalas cada vez que tengas la oportunidad. No olvides practicar en todos los centros tonales comunes. Aquí hay algunas progresiones para empezar.

1)

2)

3)

4)

Estas progresiones de acordes son tomadas de algunos estándares de jazz muy comunes. Estas secuencias aparecen una y otra vez, por lo que al trabajar con ellas aquí estarás preparado para la mayoría de la música que veas.

Recuerda que una de las cosas más útiles que puedes hacer es crear y memorizar licks de acordes que naveguen por los cambios. Serán muy valiosos para ti a medida que empieces a agregar más extensiones y alteraciones cromáticas a tus acordes.

Aquí hay algunas ideas útiles para la práctica:

1) Comienza a tocar cada progresión de acordes exactamente como está escrita para asegurarte de que conoces los voicings de drop 2 básicos.

2) Toca a través de los voicings, ya sea de manera ascendente o descendente, manteniendo la nota de la melodía en la cuerda superior. No es posible moverse *siempre* en la misma dirección, pero normalmente deberías ser capaz de llegar muy cerca.

3) Selecciona solo una calidad acorde (Maj7, m7, 7 o m7b5) y tócalo cada vez como un acorde de 9na. Repite esto tres veces más hasta que hayas tocado cada calidad como una 9na. Luego, toca *todos* los acordes como 9nas.

4) Repite el paso 2 con acordes de 9na.

5) Elige una calidad de acorde y sustitúyelo por un acorde 11 o 13. No toques 11vas en los acordes Maj7. Repite este procedimiento para cada calidad de acorde y luego toca todos los acordes con esa calidad.

6) Toca todos los acordes como están escritos, pero añade una alteración cromática a cada acorde dominante. Repite con dos alteraciones cromáticas. No olvides combinar las extensiones naturales con las cromáticas, es decir, 13b9 o 9#5. Toca con la nota de la melodía ascendiendo o descendiendo por el diapasón o en una posición.

7) Toca todos los acordes como 9nas y añade una o dos extensiones cromáticas a cada acorde dominante.

La lista anterior de pasos para practicar es extremadamente eficiente para ayudarte a dominar cualquier progresión de acordes. No solo vas a aprender los acordes y las innumerables posibilidades, sino que comenzarás a habilitar todo el diapasón y verás cada acorde en términos de sus intervalos, permitiéndote modificar rápidamente los voicings e improvisar con texturas de acordes.

Vamos a seguir regresando a esta lista, pero por ahora vamos a avanzar y ver la forma de tocar voicings de drop 2 en las cuatro cuerdas del medio y en las cuatro cuerdas graves de la guitarra.

Ahora que hemos cubierto los conceptos, las estructuras y las técnicas de práctica básicos descubrirás que desarrollar tu conocimiento de los acordes a través de toda la guitarra será mucho más rápido a medida que avanzas en este libro.

Capítulo 10: Acordes drop 2 – Cuerdas del medio

Ningún libro sobre voicings de acordes debería convertirse en "solo una lista de acordes". Sin embargo, lo difícil de escribir este libro es que las técnicas que has utilizado para aprender los voicings de drop 2 en las cuatro primeras cuerdas también se pueden aplicar fácilmente a los acordes drop 2 en las cuatro cuerdas del medio y las cuatro cuerdas graves.

Por tal razón, esta sección se ocupará de los voicings de drop 2 en las cuerdas del medio de una manera más breve que los capítulos anteriores. Cada voicing de acorde se dará con algunos ejercicios de opción y consejos para ayudarte a interiorizar y utilizar los voicings musicalmente. Cada voicing será mostrado inmediatamente con sus intervalos marcados para que puedas comenzar a ver las posibilidades de extensiones y alteraciones cromáticas inmediatamente.

Vamos a empezar por ver los voicings de drop 2 de Fm7 en las cuatro cuerdas del medio de la guitarra.

Ejemplo 10a:

Hay que decir que la primera inversión del acorde m7 puede ser muy difícil de digitar, sobre todo en la parte de los primeros trastes. Siempre comienzo a formar el acorde colocando mi tercer dedo en la cuarta cuerda y luego construyendo el resto del acorde. Muy a menudo me limitaré a sustituir este acorde por un AbMaj7 (Fm9).

Para interiorizar estas formas de acordes, tócalas desde el voicing más bajo al más alto y viceversa. También puedes saltar entre voicings alternos del acorde.

Intenta unir los acordes con una línea de walking bass usando la escala de F menor bebop.

Ejemplo 10b:

Está bien usar un acorde AbMaj7 en lugar de Fm7 en el voicing de la primera inversión si es necesario.

Puedes practicar el uso de estos acordes libremente sobre la pista de acompañamiento 1.

Ahora, vamos a combinar estos acordes con los voicings de drop 2 de las cuatro primeras cuerdas. Practica moviéndote entre voicings adyacentes de cada acorde de la siguiente manera.

Ejemplo 10c:

Acordes de 7ma dominante drop 2

Los acordes de 7ma dominante drop 2 pueden ser expresados en cuatro inversiones de la siguiente forma:

Ejemplo 10d:

Practica tocando estos acordes ascendiendo y descendiendo por el diapasón sobre la pista de acompañamiento 2. Salta posiciones y trabaja con un metrónomo para aumentar tu velocidad y precisión.

Enlaza los acordes entre sí mediante una línea de bajo de la escala C mixolidia bebop.

Ejemplo 10e:

También puedes practicar vinculando los acordes de las cuatro cuerdas del medio y las cuatro cuerdas superiores.

Ejemplo 10f:

Intenta el ejemplo 10f nuevamente, pero esta vez desciende el diapasón.

Ahora intenta vincular los acordes C7 y Fm7 utilizando voicings de drop 2 de las cuatro cuerdas del medio. Practica esto ascendiendo y descendiendo el diapasón.

Ejemplo 10g:

Practica pasando de un acorde C7 en las cuerdas del medio a un acorde Fm7 en las cuerdas más altas:

Ejemplo 10h:

Recuerda poner en práctica el ejercicio anterior al revés como I – V, este también es un movimiento de acordes común con el que deberías estar familiarizado.

Por último, practica la secuencia anterior, pero esta vez comienza con el C7 dispuesto en las cuatro primeras cuerdas y toca los acordes Fm7 en las cuerdas del medio.

Intenta estos ejercicios en las tonalidades de C menor, Bb menor, G menor y D menor.

Acordes m7b5 drop 2

Las cuatro inversiones del acorde m7b5 se pueden tocar de la siguiente manera en las cuatro cuerdas del medio.

Ejemplo 10i:

Gm7b5 Drop 2 Root Position | Gm7b5 Drop 2 1st Inversion | Gm7b5 Drop 2 2nd Inversion | Gm7b5 Drop 2 3rd inversion

Comienza como siempre tocando estos voicings desde el más bajo al más alto. Sin utilizar cuerdas al aire, el voicing más bajo disponible es el acorde en segunda inversión. Toca estos acordes tanto de forma ascendente como descendente en el diapasón. Utiliza un metrónomo para ayudarte a aumentar tu velocidad y precisión al tocar estos acordes. También puedes tratar de frasearlos musicalmente sobre la pista de acompañamiento 4, un acompañamiento improvisado en Gm7b5.

Une los voicings de acordes con una línea de walking bass tomada de las notas de la escala G locria bebop.

Ejemplo 10j:

Trabaja con la pista de acompañamiento y con un metrónomo para aumentar tu velocidad y fluidez.

Luego, toca el acorde Gm7b5 moviéndote desde las cuatro cuerdas del centro hacia las cuatro cuerdas superiores. Toca esta idea de forma ascendente y descendente.

Ejemplo 10k:

Ahora vamos a enlazar el acorde Gm7b5 con la progresión C7 – Fm7 que practicaste en el ejemplo 10g. Comienza tocando todos los acordes en las cuatro cuerdas del medio.

Ejemplo 10l:

Practica esta progresión ascendiendo y descendiendo por el diapasón, antes de practicar el paso de los voicings a través de los grupos de cuerdas.

Ejemplo 10m:

Por supuesto, con tres acordes hay muchas maneras en que podrías expresar el ejemplo anterior. Podrías tocar un acorde en las dos cuerdas del centro y dos en las cuatro superiores. Podrías tocar dos acordes en las cuerdas superiores y uno en las cuatro del medio.

También podrías tocar los dos primeros acordes en una posición y luego ascender por el diapasón a una nueva posición de Fm7. Mira cuántas maneras puedes encontrar para navegar por estos cambios mientras te mueves entre los grupos de cuerdas. Este tipo de exploración es la mejor manera de memorizar los voicings de acordes y para ver cómo funcionan juntos en una frase musical.

Trabaja con la pista de acompañamiento 5 para ayudarte a frasear estos acordes musicalmente o con un metrónomo para ayudarte a aumentar tu velocidad y precisión.

Acordes de 7ma mayor drop 2

Las cuatro inversiones del acorde DbMaj7 son las siguientes.

Ejemplo 10n:

El voicing de la primera inversión es, una vez más, una forma difícil de digitar. Desliza tu dedo pulgar muy hacia abajo en el diapasón de la guitarra para ayudarte a que puedas estirar bastante. Si estás teniendo dificultades, puedes sustituirlo por un acorde Fm7 (creando un sonido DbMaj9 como se describió en el capítulo 7).

Practica tocando estos voicings ascendiendo y descendiendo por el diapasón antes de conectarlos mediante una línea de walking bass que use la escala de Db Mayor.

Ejemplo 10o:

Puedes practicar estos voicings con la pista de acompañamiento 6, un acompañamiento improvisado estático en DbMaj7.

Ahora conecta los voicings de drop 2 de los grupos de cuerdas medias y superiores. Toca este ejemplo ascendiendo y descendiendo el diapasón de la guitarra.

Ejemplo 10p:

Por último, podemos añadir los voicings DbMaj7 en la secuencia de acordes que hemos estado trabajando. DbMaj7 es el acorde bvi en una progresión ii V i bvi menor.

Comienza tocando la secuencia de acordes "en posición" en las cuatro cuerdas del medio.

Ejemplo 10q:

El siguiente paso es trabajar para cambiar libremente entre los voicings de las cuatro cuerdas medias y las cuatro cuerdas superiores a medida que tocas esta progresión. Con cuatro acordes en la secuencia hay formas prácticamente ilimitadas para organizar los voicings, pero deberías dar prioridad a la alternancia entre los grupos de cuerdas que comienzan tanto el grupo de cuerdas superior como en las cuerdas del medio.

Ejemplo 10r:

Ejemplo 10s:

Ten en cuenta que puedes ascender *o* descender al siguiente acorde en cualquier punto de la progresión para generar una gran cantidad de posibilidades para navegar por esta progresión solo en estos dos grupos de cuerdas. Deja que tus oídos sean los jueces de cómo tocar esta secuencia de la manera más eficaz. Utiliza la pista de acompañamiento 7 para ayudarte a dominar esta secuencia, cada acorde se toca durante un compás.

Recuerda que esto es solo un ejercicio para ayudarte a memorizar y a que seas fluido con estos voicings. Toca los ejemplos de la página 53 con el fin de obtener algo de experiencia "de la vida real" de cómo pueden funcionar estos acordes.

Por último, revisa el ejercicio 6a de la página 32, donde encontramos cuatro puntos de partida diferentes desde los cuales podíamos ascender la escala armonizada de Db mayor. Por ejemplo, la nota más baja en la escala de Db mayor bajo la cual podemos disponer un acorde en la cuerda de B es la nota Db (sin utilizar cuerdas al aire).

Grados de escala	I Maj7	iim7	iiim7	IVMaj7	V7	vim7	viim7b5
Ejemplo en Db mayor	DbMaj7	Ebm7	Fm7	GbMaj7	Ab7	Bbm7	Cm7b5

Manteniendo la fundamental de cada acorde de la escala en la cuerda de B, toca de forma ascendente a través de la escala armonizada de Db Mayor.

Ejemplo 10t:

Luego, encuentra la nota en la tercera cuerda que puedes utilizar para expresar un acorde sin cuerdas al aire (Ab). Comienza en Ab7 y asciende la escala armonizada de Db Major manteniendo la fundamental de cada acorde en la tercera cuerda.

Ejemplo 10u:

La nota más baja disponible en la cuarta cuerda es F (Eb está disponible, pero el voicing del acorde de Ebm7 utiliza cuerdas al aire). Comienza con Fm7 y asciende la escala armonizada manteniendo las fundamentales en la cuarta cuerda.

Ejemplo 10v:

Fm7	G♭maj7	A♭7	B♭m7	Cm7♭5	D♭maj7	E♭m7	Fm7

```
T  4      6      7      9      11     13     14     16
A  1      3      5      6      8      10     11     13
B  3      4      6      8      10     11     13     15
   3      4      6      8      9      11     13     15
```

Por último, la nota más baja disponible en la quinta cuerda es Bb. Comienza con Bbm7 y asciende Db Mayor.

Ejemplo 10w:

B♭m7	Cm7♭5	D♭maj7	E♭m7	Fm7	G♭maj7	A♭7	B♭m7

```
T  2      4      6      7      9      11     13     14
A  1      3      5      6      8      10     11     13
B  3      4      6      8      10     11     13     15
   1      3      4      6      8      9      11     13
```

68

Capítulo 11: Extensiones y alteraciones

Como toda la información conceptual en relación con la adición de extensiones diatónicas y alteraciones cromáticas está dada en los capítulos del 7 a 9, todo lo que voy a ofrecer en este capítulo son las formas de acordes para extensiones de 9na naturales y las alteraciones cromáticas disponibles en acordes dominantes de 9na. Trabaja nuevamente en los capítulos del 7 al 9, pero esta vez sustituye los diagramas de voicings de acordes por los que están en esta sección.

Voicings Fm9

Fm9 Drop 2 Root Position — Fm9 Drop 2 1st Inversion — Fm9 Drop 2 2nd Inversion — Fm9 Drop 2 3rd inversion

Voicings C9

C9 Drop 2 Root Position — C9 Drop 2 1st Inversion — C9 Drop 2 2nd Inversion — C9 Drop 2 3rd inversion

Voicings Gm7b5

Gm7b5b9 Drop 2
Root Position

Gm7b5b9 Drop 2
1st Inversion

Gm7b5b9 Drop 2
2nd Inversion

Gm7b5b9 Drop 2
3rd inversion

Voicings DbMaj9

DbMaj9 Drop 2
Root Position

DbMaj9 Drop 2
1st Inversion

DbMaj9 Drop 2
2nd Inversion

DbMaj9 Drop 2
3rd inversion

Voicings de C7 alterado

C7 Altered
Root Position

C7 Altered
1st Inversion

C7 Altered
2nd Inversion

C7 Altered
3rd inversion

Incorpora las alteraciones cromáticas en tu interpretación usando los ejercicios dados en el capítulo 9.

Recuerda incorporar solo una alteración cromática a la vez en un acorde dominante y que no todas las alteraciones cromáticas están disponibles fácilmente en todos los voicings. Si una forma acorde es demasiado difícil, simplemente toca otra cosa.

Capítulo 12: Acordes drop 2 – Cuerdas graves

Los siguientes dos capítulos contienen voicings de acordes de 7ma drop 2 en las cuatro cuerdas graves. Estos acordes pueden ser útiles ya que tienen un carácter particularmente resonante, aunque a menudo pueden ser demasiado "bajos" e inadecuados para usarse en un conjunto.

Yo sugeriría que los voicings de este capítulo no sean una prioridad inmediata para estudiar ya que es más común usar voicings de drop 3 en las cuerdas graves, especialmente cuando se utilizan los voicings en posición de la fundamental.

Por ahora, considera este como un capítulo de "referencia" y vuelve a él cuando estés utilizando con éxito los voicings de drop 3 como parte de tu interpretación normal.

Voicings Fm7

Ejemplo 12a:

Fm7 Drop 2 Root Position   Fm7 Drop 2 1st inversion   Fm7 Drop 2 2nd inversion   Fm7 Drop 2 3rd Inversion

Con una línea de walking bass.

Ejemplo 12b:

Voicings C7

Ejemplo 12c:

C7 Drop 2 Root Position | C7 Drop 2 1st Inversion | C7 Drop 2 2nd inversion | C7 Drop 2 3rd Inversion

Con una línea de walking bass.

Ejemplo 12d:

Voicings Gm7b5

Ejemplo 12e:

Gm7b5b9 Drop 2 Root Position | Gm7b5 Drop 2 1st inversion | Gm7b5 Drop 2 2nd inversion | Gm7b5 Drop 2 3rd Inversion

Con una línea de walking bass.

Ejemplo 12f:

Voicings DbMaj7

Ejemplo 12g:

Con una línea de walking bass.

Ejemplo 12h:

Extensiones y alteraciones

Los siguientes voicings muestran los acordes drop 2 en las cuerdas graves extendidos para que incluyan las 9nas diatónicas y las extensiones cromáticas disponibles en los acordes dominantes.

Voicings Fm9

Ejemplo 12i:

Fm9 Drop 2 Root Position · Fm9 Drop 2 1st inversion · Fm9 Drop 2 2nd inversion · Fm9 Drop 2 3rd Inversion

Voicings C9

Ejemplo 12j:

C9 Drop 2 Root Position · C9 Drop 2 1st Inversion · C9 Drop 2 2nd inversion · C9 Drop 2 3rd Inversion

Voicings Gm7b5b9

Ejemplo 12k:

Gm7b5b9 Drop 2 Root Position — Gm7b5b9 Drop 2 1st inversion — Gm7b5b9 Drop 2 2nd inversion — Gm7b5b9 Drop 2 3rd Inversion

Voicings DbMaj9

Ejemplo 12l:

DbMaj7 Drop 2 Root Position — DbMaj7 Drop 2 1st Inversion — DbMaj7 Drop 2 2nd inversion — DbMaj7 Drop 2 3rd Inversion

Voicings de C7 alterado

C7 Altered Root Position — C7 Altered 1st Inversion — C7 Altered 2nd inversion — C7 Altered 3rd Inversion

Capítulo 13: Voicings de drop 3 – Fundamental en la 6ta cuerda

Los acordes drop 3 normalmente están entre los primeros acordes que la mayoría de los guitarristas de jazz aprenden. Comúnmente se expresan con su nota de bajo en la cuerda más grave (sexta) y son fácilmente reconocibles por su característica omisión de cuerda entre los tonos bajos y medios.

Como se describió en el capítulo 1, un voicing de drop 3 se forma al bajar por una octava la tercera nota más alta de un acorde en disposición cercana. Observa que una cuerda no se toca (la cuarta) entre la nota de bajo y el resto del acorde.

Uno de los beneficios del uso de los voicings de drop 3 es que hay una brecha discernible entre la nota de bajo y la *estructura superior* del acorde. Esta brecha nos permite crear partes de guitarra que tengan líneas de bajo de registro bajo y estructuras de acordes de rango de tonos medios que dejan espacio armónico para tocar una melodía encima de la parte de guitarra.

La mejor manera de dominar los acordes drop 3 es aprenderlos en una *calidad* de acorde a la vez. A la mayoría de la gente le parece más fácil expresar estos acordes cuando la nota de bajo está en la sexta cuerda, así que empezaremos por allí.

Los cuatro voicings de drop 3 de Fm7 se tocan de la siguiente manera.

Ejemplo 13a:

La tercera inversión del acorde m7 puede ser un poco difícil de digitar al principio.

Algo muy útil para tener en cuenta es que si elevas la nota de bajo de la cuerda grave y la colocas en la cuerda superior, creas un acorde drop 2. Esto es *muy* útil cuando se trata de memorizar y recordar los acordes. Por ejemplo, compara los dos siguientes acordes.

Puedes ver fácilmente que el b3 se ha movido desde el bajo a la cuerda superior. Este patrón es válido para *cualquier* acorde drop 3, así que si estás teniendo dificultades para recordar un voicing, solo tienes que tocar un acorde drop 2 y pasar la nota más alta a la cuerda grave.

Recuerda los pasos que seguimos para ayudarnos a memorizar estos acordes: ascender por los voicings del más bajo al más alto como se muestra arriba, y luego descender por los voicings del más alto al más bajo.

Ejemplo 13b:

Muévete entre pares de acordes, ascendiendo o descendiendo gradualmente por el diapasón.

Ejemplo 13c:

Salta acordes y toca voicings alternos que asciendan y desciendan por el diapasón.

Ejemplo 13d:

Improvisa junto con la pista de acompañamiento 1, un groove estático de Fm7.

Conecta los acordes con una línea de walking bass.

Ejemplo 13e:

Puede que descubras que trabajar solo en el compás tres del ejemplo anterior es beneficioso para aprender la digitación del acorde m7 en tercera inversión.

Un ejercicio que podemos añadir a la mezcla es moverse entre los voicings de acordes drop 3 y drop 2 que están disponibles en cada posición del diapasón. Observa cómo asciendo por el diapasón avanzando una posición hacia arriba en las cuatro primeras cuerdas.

Asegúrate de aplicar este ejercicio para los otros tres tipos de acordes de "7ma" que figuran en este capítulo. Es un ejercicio excelente para vincular entre sí todo lo que hemos cubierto hasta ahora.

Ejemplo 13f:

A continuación, trata de llevar los cuatro voicings a través de las secuencias del ciclo de quintas y del ciclo de cuartas del capítulo 18 con el fin de ayudarte a dominar el diapasón. Tocar en todas las tonalidades con cada uno de los voicings es un paso importante hacia la interiorización de todas las digitaciones de acordes y dominar el diapasón. No olvides tocar en todas las posiciones del diapasón. Este tipo de práctica es difícil al principio pero pronto beneficiará en gran medida a tu interpretación.

Ahora vamos a examinar los voicings de drop 3 del acorde C7 tocados desde la cuerda inferior.

Ejemplo 13g:

Repite los mismos pasos que hiciste con Fm7 para aprender las formas de C7 drop 3. La progresión se muestra aquí con una línea de walking bass.

Ejemplo 13h:

Lleva cada uno de los cuatro voicings de acordes de 7ma dominante a través de los ejercicios cíclicos del capítulo 18.

Trata de vincular entre sí los acordes C7 y Fm7 en cada posición del diapasón.

Ejemplo 13i:

Otra idea que podrías intentar es tocar dos voicings de cada acorde por compás antes de pasar al voicing más cercano posible del acorde siguiente:

Ejemplo 13j:

A medida que ganes confianza con los voicings de drop 3 de 7ma dominante, empieza a aprender los siguientes voicings m7b5.

Ejemplo 13k:

Gm7b5 Drop 3 Root Position	Gm7b5 Drop 3 1st Inversion	Gm7b5 Drop 3 2nd inversion	Gm7b5 Drop 3 3rd Inversion

Gm7♭5

Como siempre, repite los pasos anteriores para ayudarte a aprender, memorizar e incorporar estos voicings de acordes en tu interpretación.

Los cuatro voicings del acorde Gm7b5 se pueden unir con una línea de walking bass de la siguiente manera.

Ejemplo 13l:

Lleva cada uno de los cuatro voicings de acordes m7b5 a través de los ejercicios cíclicos del capítulo 18.

Ahora incorpora los voicings Gm7b5 a una progresión completa de ii V i menor en la tonalidad de F. Toca el siguiente ejemplo libremente al principio para tener tiempo de pensar en los acordes, antes de usar un metrónomo para obligarte a tocar dentro del tiempo. No te preocupes por los errores al principio; mantente en el ritmo.

Ejemplo 13m:

Practica las ideas mostradas en el ejemplo anterior, pero también pasa un tiempo explorando secuencias ii V i que causan que la nota (superior) de la melodía de cada voicing suba o baje en cada cambio de acorde a medida que asciendes por el diapasón. Esta idea melódica fue mostrada en el ejemplo 4i y se puede aplicar a cualquier secuencia de acordes.

Utiliza las progresiones de acordes cíclicas del capítulo 18 para practicar esta secuencia de ii V i menor. Usa cada acorde del ciclo como una nueva tónica, de forma que cuando el acorde del ciclo diga "C", toques una ii V i menor *en* la tonalidad de C (Dm7b5 – G7 – Cm7). Este tipo de ejercicios son mentalmente exigentes, así que comienza utilizando solo uno o dos centros tonales por día, antes de avanzar hasta tocar la secuencia completa después de una semana o dos.

Por último, estudiaremos los voicings de drop 3 de los acordes mayores de 7ma con las notas graves tocadas en la cuerda inferior.

Ejemplo 13n:

Con una línea de walking bass, las inversiones de DbMaj7 se pueden tocar de la siguiente manera.

Ejemplo 13o:

Sigue los mismos pasos que hiciste con los voicings anteriores para aprender los voicings Maj7. No olvides hacer los ejercicios cíclicos del capítulo 18 con todas las cuatro inversiones.

Por último, vamos a añadir el acorde DbMaj7 a la progresión ii V i menor para crear una progresión ii V i bvi. Toca los siguientes acordes lenta y libremente para que puedas comenzar a dominar estas formas antes de utilizar un metrónomo para acelerar.

Ejemplo 13p:

Puedes practicar estos voicings de acordes con la pista de acompañamiento 7. Trata de experimentar con el ritmo y el fraseo. Practica tratando de mantener la nota de la melodía ya sea ascendente o descendente, o tocando más de una inversión de cada acorde en un compás. ¡Ve lentamente! Estos voicings son muy comunes en la guitarra de jazz, y es importante que los conozcas.

Ahora que hemos cubierto las cuatro formas de acordes de 7ma más comunes, puedes practicar ascendiendo y descendiendo la escala mayor armonizada, tal como lo hiciste en los ejemplos anteriores. Encuentra los voicings de acordes más bajos posibles con las fundamentales en las cuerdas sexta, cuarta, tercera y segunda, y luego asciende por el diapasón de forma similar al ejemplo 6a. Comienza con la escala de Db mayor armonizada.

Grados de escala	I Maj7	iim7	iiim7	IVMaj7	V7	vim7	viim7b5
Ejemplo en Db mayor	DbMaj7	Ebm7	Fm7	GbMaj7	Ab7	Bbm7	Cm7b5

Ejemplo 13q: (Fundamental en segunda cuerda – voicings en segunda inversión)

Ejemplo 13r: (Fundamental en tercera cuerda, voicings en tercera inversión)

Ejemplo 13s: (Fundamental en cuarta cuerda, voicings en primera inversión)

Ejemplo 13t: (Fundamental en sexta cuerda, voicings en posición de la fundamental)

También deberías trabajar en otras progresiones de acordes comunes del jazz como las progresiones ii V I mayor y I VI ii V mayor en todas las tonalidades comunes. Encuentra tus maneras favoritas para navegar por estos cambios y memoriza estas secuencias de voicings como "licks de acordes". También deberías practicar con los diagramas de acordes de la página 53 y con los ejercicios cíclicos del capítulo 18.

Incluso con solo unas pocas formas diferentes de navegar por los cambios, cuando las combinas con tus secuencias de drop 2 anteriores descubrirás que tienes un montón de maneras interesantes para expresar tus acordes. A medida que desarrolles tus habilidades, te resultará más fácil improvisar partes rítmicas creativas mientras tocas con diagramas de acordes.

Finalmente, estas son las permutaciones de acordes dominantes alterados para los acordes drop 3.

Capítulo 14: Acordes drop 3 – Fundamental en la 5ta cuerda

Del mismo modo que con los acordes drop 2 en la cuerda de bajo, no creo que aprender los acordes drop 3 con fundamentales en la quinta cuerda sea prioritario. Son importantes, pero sugeriría que los estudiaras hasta que hayas dominado los acordes drop 2 en las cuatro cuerdas superiores e intermedias y todas las inversiones drop 3 con fundamental en la sexta cuerda.

Dicho esto, sin duda sugeriría que aprendas al menos los voicings en posición de la fundamental de todos los acordes de esta sección, pues se utilizan con bastante frecuencia. Puede que valga la pena incorporar los voicings en posición de la fundamental y luego gastar tu tiempo de trabajo con los otros tipos de acordes "prioritarios" mencionados anteriormente.

Cuando inicies el estudio de los acordes de esta sección, repite los pasos que seguiste en el capítulo 13 de memorizarlos y contextualizarlos en una forma musical.

Todos los voicings de acordes drop 3 comunes con fundamentales en la quinta cuerda se muestran a continuación.

Voicings Fm7

Ejemplo 14a:

Fm7 Drop 3 Root Position — Fm7 Drop 3 1st Inversion — Fm7 Drop 3 2nd Inversion — Fm7 Drop 3 3rd inversion

Voicings C7

Ejemplo 14b:

C7 Drop 3 Root Position — C7 Drop 3 1st Inversion — C7 Drop 3 2nd inversion — C7 Drop 3 3rd Inversion

Voicings Gm7b5

Ejemplo 14c:

Gm7b5 Drop 3 Root Position · Gm7b5 Drop 3 1st Inversion · Gm7b5 Drop 3 2nd inversion · Gm7b5 Drop 3 3rd Inversion

Voicings DbMaj7

Ejemplo 14d:

DbMaj7 Drop 3 Root Position · DbMaj7 Drop 3 1st Inversion · DbMaj7 Drop 3 2nd inversion · DbMaj7 Drop 3 3rd Inversion

Voicings de C7 alterado

C7 Altered Root Position · C7 Altered 1st Inversion · C7 Altered 2nd inversion · C7 Altered 3rd Inversion

Comienza a incorporar los acordes anteriores en tu interpretación del mismo modo que aprendiste a hacerlo con los tipos de acordes dados anteriormente en el libro.

Además de los métodos ya dados, un ejercicio muy útil para la práctica es vincular los acordes drop 3 que están en grupos de cuerdas adyacentes. Por ejemplo, podrías vincular los voicings Fm7 de la siguiente manera.

Ejemplo 14e:

Prueba esto con todos los otros tipos de acordes drop 3 y luego empieza a combinar voicings en la quinta y en la sexta cuerda en progresiones comunes. Por ejemplo, podrías tocar la ii V i vi menor de la siguiente manera.

Ejemplo 14f:

Hay muchas maneras de combinar los acordes drop 3 a través de los grupos de cuerdas de esta manera. Recuerda que puedes practicar manteniendo la nota de la melodía ascendente o descendente, o simplemente practicar permaneciendo en una posición.

Cuando practiques progresiones de acordes utilizando voicings de drop 3, no olvides incorporar las tensiones cromáticas en los acordes dominantes tan pronto te sientas seguro con las inversiones básicas. No todas las tensiones estarán disponibles o serán fáciles de tocar en todas las posiciones, así que concéntrate en añadir las tensiones que sean convenientes y fáciles de alcanzar. Es raro añadir una tensión cromática como una nota de bajo a un voicing de drop 3, por lo que en los diagramas anteriores las tensiones cromáticas se muestran también en la primera cuerda.

Recuerda que a menudo vas a tocar estos acordes en una banda y al añadir una tensión en el bajo, estarás chocando con el bajista. Si estás tocando sin acompañamiento, una tensión añadida en la parte de bajo a menudo simplemente va a sonar como una nota errónea.

Los acordes drop 3 son útiles cuando se acompaña a un vocalista en una situación de dúo, ya que contienen una nota de bajo y una estructura de acordes de rango medio, pero en situaciones de conjuntos más grandes a veces pueden obstruir el camino de otros instrumentos (como el bajo) cuando los voicings se tocan en un registro bajo.

Unir los acordes drop 3 a través de las cuerdas sexta y quinta con una línea de walking bass es un excelente objetivo para tu práctica. Con demasiada frecuencia se oye a guitarristas tocando cuatro compases del mismo voicing de acorde en una banda pequeña. Incluso usando solo voicings de drop 3 ahora tenemos ocho maneras diferentes en que podemos tocar el mismo acorde. Moverte fluidamente entre ellos le dará más vida e interés a tu acompañamiento en la guitarra rítmica.

Habrá más acerca de las ideas de walking bass en la Tercera parte de esta serie.

Capítulo 15: Voicings de drop 2–4 – Sexta cuerda

Los voicings de acordes de drop 2–4 son ciertamente menos comunes que los otros voicings incluidos hasta ahora en este libro, pero tienen un sonido bastante distintivo y, una vez más, mediante su uso podemos tocar una estructura que consiste en una nota de bajo más una estructura de acorde en el rango del medio.

Los voicings de drop 2–4 se forman al bajar por una octava la segunda y la cuarta nota más alta (más baja) en un acorde en disposición cercana.

Como puedes ver, los voicings de drop 2-4 crean acordes ampliamente espaciados que pueden ser difíciles de digitar al principio. ¡Se debe tener cuidado para silenciar las cuerdas que no se utilizan con el fin de no añadir notas indeseadas!

Al igual que con los voicings de drop 3, los voicings de drop 2-4 se pueden tocar con una nota de bajo tanto en la sexta como en la quinta cuerda.

En este capítulo, los acordes drop 2-4 se dan con voicings en la sexta cuerda. Apréndelos de la misma manera que aprendiste los voicings de drop 3.

Los ejemplos de líneas de walking bass de este capítulo son particularmente difíciles y las líneas de walking bass son más comúnmente utilizadas con voicings de drop 2 y de drop 3. Asegúrate de estar practicando las ideas que te darán los mayores beneficios.

Voicings Fm7

Ejemplo 15a:

Ejemplo 15b:

Voicings C7

Ejemplo 15c:

| C7 Drop 2 and 4 Root Position | C7 Drop 2 and 4 1st Inversion | C7 Drop 2 and 4 2nd inversion | C7 Drop 2 and 4 3rd Inversion |

Ejemplo 15d:

Voicings Gm7b5

Ejemplo 15e:

Gm7b5 Drop 2 and 4 Root Position · Gm7b5 Drop 2 and 4 1st Inversion · Gm7b5 Drop 2 and 4 2nd inversion · Gm7b5 Drop 2 and 4 3rd Inversion

Ejemplo 15f:

Gm7♭5

Voicings DbMaj7

Ejemplo 15g:

DbMaj7 Drop 2 and 4 Root Position · DbMaj7 Drop 2 and 4 1st Inversion · DbMaj7 Drop 2 and 4 2nd inversion · DbMaj7 Drop 2 and 4 3rd Inversion

Ejemplo 15h:

Voicings dominantes alterados

C7 Altered Root Position

C7 Altered 1st Inversion

C7 Altered 2nd inversion

C7 Altered 3rd Inversion

Capítulo 16: Voicings de drop 2–4 – Quinta cuerda

Los acordes drop 2–4 con notas de bajo en la quinta cuerda tienden a ser un poco más fáciles de tocar que los que tienen las notas de bajo en la sexta cuerda.

Los ejemplos de líneas de walking bass de este capítulo son particularmente difíciles y las líneas de walking bass son más comúnmente utilizadas con voicings de drop 2 y de drop 3. Asegúrate de estar practicando las ideas que te darán los mayores beneficios.

Voicings Fm7

Ejemplo 16a:

Ejemplo 16b:

Voicings C7

Ejemplo 16c:

C7 Drop 2 and 4 Root Position | C7 Drop 2 and 4 1st Inversion | C7 Drop 2 and 4 2nd inversion | C7 Drop 2 and 4 3rd Inversion

Ejemplo 16d:

Voicings Gm7b5

Ejemplo 16e:

Gm7b5 Drop 2 and 4 Root Position | Gm7b5 Drop 2 and 4 1st Inversion | Gm7b5 Drop 2 and 4 2nd inversion | Gm7b5 Drop 2 and 4 3rd Inversion

Ejemplo 16f:

Voicings DbMaj7

Ejemplo 16g:

DbMaj7 Drop 2 and 4
Root Position

DbMaj7 Drop 2 and 4
1st Inversion

DbMaj7 Drop 2 and 4
2nd inversion

DbMaj7 Drop 2 and 4
3rd Inversion

Ejemplo 16h:

Voicings de C7 alterado

Al igual que con los voicings de drop 2-4 que se basan en la sexta cuerda, sugeriría que los acordes de esta sección tengan menor prioridad que los acordes drop 2 y drop 3 que vimos anteriormente. Sin embargo, si te gusta el sonido de las estructuras 2 y 4 entonces dales prioridad en tu práctica.

Al practicar lo que te gusta escuchar vas a desarrollar tu propia voz y estilo únicos.

Con lo que sea que decidas practicar, asegúrate de que lo practicas a fondo en todas las tonalidades comunes. Utiliza los ejercicios de capítulos anteriores para ayudarte a incorporar estos voicings en tu interpretación y asegúrate de practicar los ejercicios cíclicos del capítulo 18 para incrementar tus habilidades en el diapasón.

Capítulo 17: Convertir estructuras de acordes

Hasta ahora en este libro hemos abordado las cuatro calidades de acordes más comunes en la guitarra de jazz: Maj7, m7, "7" y m7b5. Hay, por supuesto, otros tipos de calidades de acordes que no hemos abordado y, si bien no aparecen tan frecuentemente en la música como los tipos vistos hasta ahora, es esencial conocerlos.

Las otras cualidades de acordes que aparecen más frecuentemente y con las que te encontrarás son menor/mayor7, 7ma disminuida, Maj6 y Min6.

En este capítulo vamos a abordar cada una de las cualidades de acordes anteriores a su vez y a mostrar cómo se puede acceder fácilmente a cada una al hacer ajustes en las estructuras de los acordes que ya conoces.

A lo largo de este libro, se ha hecho énfasis en la importancia de saber dónde está la fundamental en cada voicing y, desde el capítulo 7 en adelante, cada acorde se ha dado con sus intervalos constituyentes claramente marcados en los diagramas.

A estas alturas, deberías estar empezando a reconocer y localizar rápidamente los intervalos de acordes en el diapasón. El reconocimiento de los intervalos es muy útil y es una de las cosas que distingue a los guitarristas que han estudiado duro. Entendiendo la ubicación de los intervalos, podemos crear de inmediato *cualquier* acorde de las cuatro estructuras de acorde estándar cubiertas hasta el momento.

Acordes menor/mayor 7

Vamos a empezar con el acorde "menor/major7" o "m(Maj7)" que tiene la estructura de intervalos 1 b3 5 7. Es literalmente un acorde menor con una 7ma mayor añadida. Puedes verlo como un acorde m7 con la 7ma elevada.

Para acceder al sonido de m(Maj7), podemos simplemente tocar cualquier inversión de una voicing m7 y elevar la b7 por un semitono para que se convierta en una 7ma natural.

Ejemplo 17a:

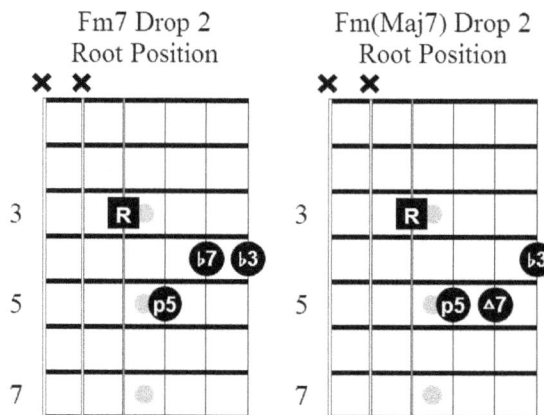

Este proceso funcionará con cualquier acorde m7 siempre y cuando sepas dónde se encuentran los intervalos en el diapasón.

Ejemplo 17b:

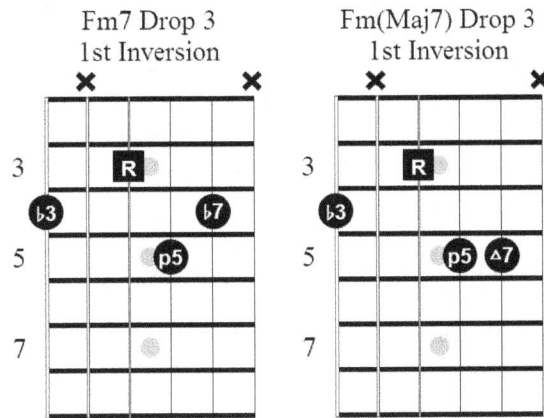

Fm7 Drop 3
1st Inversion

Fm(Maj7) Drop 3
1st Inversion

Para practicar la interpretación de los acordes m(Maj7) en contexto, sugeriría que los utilices en lugar del tónico en una progresión ii V i menor puesto que allí es donde ocurren más comúnmente en la música. Puedes trabajar con estas ideas sobre la pista de acompañamiento 10:

Gm7b5   C7   Fm(maj7)

Todo lo que tienes que hacer es volver a repasar los ejercicios de ii V i menor de los capítulos anteriores y enfocarte en elevar la b7 del acorde tónico Fm7 para que se convierta en una 7ma natural para crear la tonalidad m(Maj7).

Acordes de 7ma disminuida

Los acordes de 7ma disminuida se pueden ver de varias maneras diferentes. La fórmula para un acorde Dim7 es 1 b3 b5 bb7 (doble bemol 7), por lo que una forma de verlos podría ser como un m7b5 con la b7 *bemolizada*.

Ejemplo 17c:

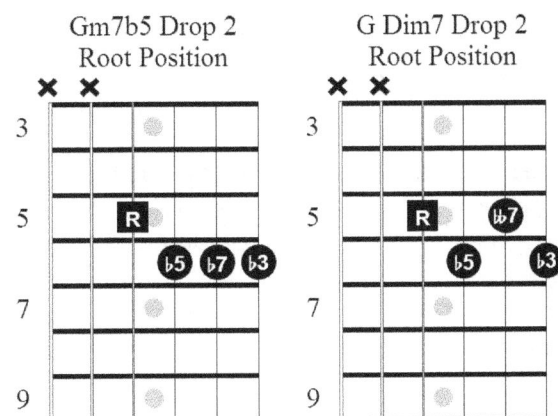

Gm7b5 Drop 2
Root Position

G Dim7 Drop 2
Root Position

Si bien esta es una forma válida para formar y ver los acordes Dim7, no es una aplicación particularmente musical de los acordes disminuidos. Mientras que los acordes m(Maj7) son utilizados con mucha frecuencia en lugar de los acordes m7, los acordes Dim7 no se escriben con frecuencia en lugar de los acordes m7b5.[1]

El uso más común de los acordes Dim7 es como sustituciones de acordes dominantes funcionales. Por esta razón, es útil ver los acordes Dim7 como adaptaciones de acordes de 7ma dominantes.

La teoría de "la sustitución disminuida" fue tratada en la Primera parte de esta serie, por lo cual aquí se dará solo un resumen rápido.

"Al tocar un acorde de 7ma disminuida en la 3ra de un acorde de 7ma dominante creamos un sonido 7b9".

Esto se ve fácilmente en un diagrama de acordes. Estos son los acordes de C7 y E Dim7.

Ejemplo 17d:

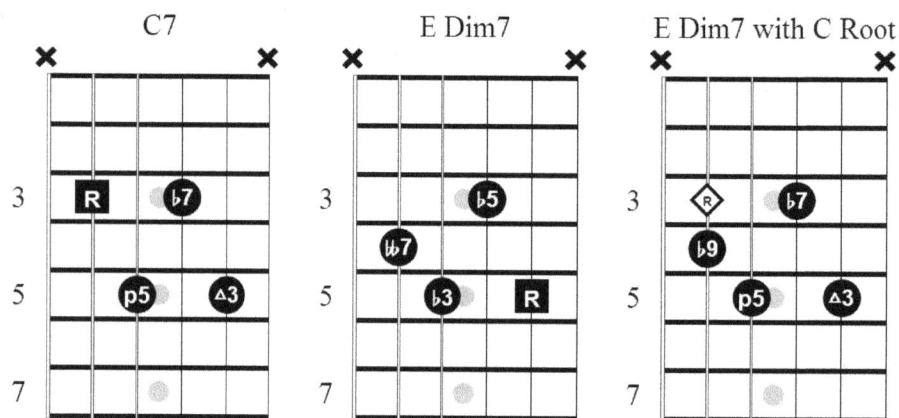

Como puedes ver, las notas de E Dim7 son idénticas a las de C7 pero con un solo cambio: la fundamental del acorde C7 se ha elevado por un semitono para convertirse en una tensión cromática b9.

"Para crear un acorde Dim7 podemos simplemente elevar la fundamental de cualquier acorde de 7ma dominante por un semitono".

Recuerda, los acordes Dim7 también son *simétricos*, puesto que cada nota está a una distancia de una tercera menor. Como aprendimos en la Primera parte, *cualquier* tono de acorde de un acorde Dim7 puede ser visto como la fundamental. Así, mientras que el acorde Dim7 anterior está escrito como E Dim7, el acorde E Dim7 también es idéntico a G Dim7, Bb Dim7 y *Db Dim7*.

Db Dim7 se crea al elevar la fundamental del acorde C7 por un semitono.

Este simple ajuste a cualquier acorde de 7ma dominante es la forma más útil para construir y pensar en los acordes Dim7 porque como viste anteriormente, los acordes Dim7 se utilizan con mayor frecuencia como sustituciones de acordes de 7ma dominante. De hecho, esta es probablemente la sustitución de acordes más usada en el bebop.

---

[1] En realidad se utilizan algunas veces, pero la teoría de esto va más allá del alcance de este libro.

Comprueba que esta idea funciona elevando la fundamental de *cualquier* voicing o inversión "7" que elijas. El concepto se demuestra aquí con acordes drop 2 en las cuatro primeras cuerdas.

Ejemplo 17e:

Aplica el mismo proceso a las otras inversiones drop 2 de C7 en las cuatro primeras cuerdas.

Usando la sustitución de 7ma disminuida

Puedes utilizar la sustitución de 7ma disminuida siempre que lo desees en un acorde de 7ma dominante funcional.

Intenta el siguiente ejemplo con las progresiones ii V I mayor y menor en todos los grupos de cuerdas con todos los tipos de voicings de acordes.

Ejemplo 17f:

Recuerda, todo lo que tienes que hacer es encontrar la fundamental del acorde dominante y elevarla por un semitono para crear un acorde Dim7. Inténtalo con todos los voicings de acordes "7" que conozcas.

Acordes de 6ta menores y mayores

Los acordes de 6ta mayores y menores se ven con frecuencia en la música, en especial en los primeros *swing* jazz. Son acordes importantes que hay que saber ya que a menudo están escritos en los diagramas de acordes cuando el compositor no deseas que se toque un acorde de 7ma.

Los acordes Maj6 (o "6") pueden ser fácilmente creados bajando la 7ma de un acorde Maj7 por uno tono entero.

Esto se puede ver en el siguiente voicing de acorde drop 2.

Ejemplo 17g:

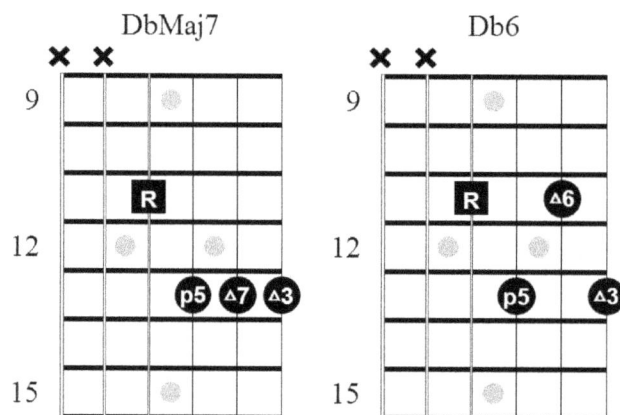

Te darás cuenta de que has visto esta forma "6" antes. Puede ser vista como un acorde m7 con la fundamental en la segunda cuerda:

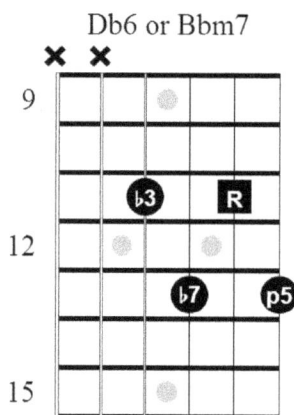

Esto debería reforzar la sustitución enseñada en la Primera parte de esta serie, que tocar un acorde m7 en la 6ta de un acorde mayor crea una calidad de acorde mayor 6.

Por ejemplo, en la tonalidad de C el sexto grado es A, por lo que tocar un acorde Am7 sobre una nota de bajo C creará una calidad de acorde C6.

Para incorporar la calidad de mayor 6 en tu interpretación, practica tocando progresiones ii V I y utiliza un acorde mayor 6 en lugar del tónico Maj7. Recuerda que todo lo que tienes que hacer es bajar la 7ma por un tono.

Ejemplo 17h:

Trata de aplicar esta sustitución con todos los voicings de acordes drop 2 en las cuatro primeras cuerdas y en las cuatro cuerdas del medio antes de pasar a aplicarla a los voicings de acordes drop 3 y luego llevar estas ideas a través de los ejercicios cíclicos en capítulo 18.

Acordes de 6ta menor

Los acordes de 6ta menor (m6) se pueden crear fácilmente bajando la b7ma de un acorde m7 por un semitono.

Ejemplo 17i:

Una vez más, habrás visto esta forma de acorde m6 antes, ya que es una forma m7b5 con la fundamental en la primera cuerda:

Fm6 / Dm7b5

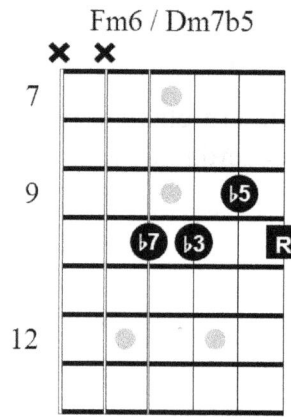

Esto debería reforzar la sustitución que se enseñó en la Primera parte de esta serie que tocar un acorde m7b5 en la sexta de un acorde menor crea una calidad de acorde de 6ta menor. En el ejemplo anterior creamos un sonido m6 tocando un m7b5 en la sexta (D) del m7 original.

Aquí hay otro ejemplo en la tonalidad de C. El sexto grado de C es A, por lo que tocar un acorde Am7b7 sobre una nota de bajo C creará una calidad de acorde Cm6.

Puedes practicar el uso de acordes m6 utilizándolos como el acorde ii en una ii V I mayor, o como el acorde tónico en una ii V i menor.

Ejemplo 17j: (como el "ii" en una ii V I mayor)

Ejemplo 17k: (como el "i" en una ii V i menor)

Como espero que estés empezando a ver, al hacer pequeños ajustes en las cuatro estructuras de acordes de 7ma principales podemos crear fácilmente cualquier otro voicing de acorde importante que necesitamos. Estos nuevos voicings de acordes crean texturas ricas y complejas en nuestra interpretación del ritmo.

Si tenemos en cuenta que podemos utilizar cualquier extensión de "9na" que queramos, tocar más de una inversión de cada acorde, utilizar la sustitución disminuida, combinar extensiones cromáticas *y* ahora acceder a acordes 6, m6 y m(Maj7), disponemos de una amplia gama de las herramientas para utilizar en la construcción de tapices de acordes armónicamente ricos.

Se creativo. Mira cuántas maneras puedes encontrar para enriquecer tu interpretación de la guitarra rítmica. Esta es solo una entre millones de posibilidades que podrías tocar sobre una progresión de acordes estándar tipo "Autumn Leaves".

Las alteraciones a la armonía solo usan voicings de drop 2 en las cuatro primeras cuerdas, pero la parte de la guitarra rítmica rápidamente se vuelve mucho más interesante.

Ejemplo 17l:

105

Capítulo 18: Ejercicios cíclicos

Las progresiones de acordes cíclicas de esta sección son muy útiles cuando se trata de practicar voicings de acordes.

Una manera de usarlos es escoger una estructura de acordes y una calidad, por ejemplo, un acorde drop 2 m7. Ahora limita tu interpretación a una pequeña área de cinco o seis trastes de la guitarra, puede ser del primero al sexto traste.

Toca cada ciclo usando esa estructura de acordes y esa calidad, pero no te permitas salir de esa área del diapasón. Usando el diagrama del ciclo de cuartas mostrado abajo, tocarías voicings de drop 2 de los siguientes acordes: Cm7, Fm7, Bbm7, Ebm7 etc. Prueba la misma idea con el ciclo de quintas: Cm7, Dm7, Am7 etc. Practica este concepto con cualquier estructura de acordes que estés estudiando.

También puedes utilizar cada acorde del ciclo como un *acorde tónico*. Por ejemplo, podrías tocar progresiones ii V I mayores en cada acorde a su vez. Usando el ciclo de cuartas, tocarías una ii V I *en* **C** (Dm7 G7 CMaj7), **luego**, una ii V I *en* **F** (Gm7 C7 Fmaj7) y **luego** una ii V I en **Bb** (Cm7 F7 BbMaj7), etc.

Este tipo de ejercicios son mentalmente exigentes, ya que te hacen pensar *hacia atrás* desde un acorde tónico objetivo. Memorizar la secuencia de acordes con antelación lejos de la guitarra realmente puede ayudar antes de intentar estos ejercicios cíclicos.

Estas técnicas de práctica son muy poderosas, y con disciplina descubrirás que tu visión, tu conocimiento y, sobre todo, tus *oídos* mejorarán dramáticamente.

Ciclo de cuartas

Ciclo de quintas

Conclusiones y estudio adicional

Hay una gran cantidad de información armónica en este libro que espero te dará muchas horas de diversión en la sala de la ensay o y en el escenario. Mi mejor consejo es ir muy despacio y tomar solo un voicing de acorde a la vez. Los dos tipos de acordes que darán un beneficio más inmediato son los acordes drop 2 en las cuatro primeras cuerdas y los acordes drop 3 con una nota de bajo en la sexta cuerda.

Una vez que te sientas seguro con esas ideas te sugeriría que aprendas los acordes drop 2 en las cuerdas del medio y los acordes drop 3 con una nota de bajo en la quinta cuerda.

Sea cual sea la manera en que decidas proceder, lo más importante que puedes hacer es asegurarte de que realmente estés incorporando estos nuevos acordes en tu música. Practica el uso de cada tipo de acorde con las secuencias comunes de la página 53 y con los ejercicios cíclicos del capítulo 18.

¡El metrónomo es tu amigo! Mientras que sin duda deberías tener el metrónomo apagado cuando estás aprendiendo formas nuevas, cuanto más pronto puedas utilizarlo para mantener el tiempo cuando tocas secuencias de acordes, mejor.

Incluso con todas las pistas de acompañamiento disponibles en la actualidad, la mejor simulación de "alta presión" de un concierto que puedes hacer, es sentarte con un metrónomo *solamente* y trabajar para tocar muy bien todos los cambios de acordes. Si ajustas el metrónomo a la mitad de velocidad de modo que solo haga clic en el dos y el cuatro, mucho mejor.

El objetivo es hacer que *tú* seas el responsable del tiempo y no darte ninguna escapatoria. Esta es una práctica intensa, sin duda, pero es extremadamente beneficiosa.

Escucha a los grandes intérpretes de melodía de acordes entre las sesiones de práctica. Empezarás a escuchar las estructuras de acordes que tocan, y algunos de sus secretos comenzarán a revelarse.

Consigue una copia del "Real Book" y practica leyendo a través de los diagramas. Después de un tiempo, no habrá más sorpresas y pronto serás capaz de ajustar las cuatro estructuras principales e incorporar cualquier acorde sorpresa. Practica tus canciones favoritas de diferentes maneras, y cada día aborda la armonía utilizando un nuevo tipo o estructura de acorde.

Puedes tocar uno, dos, tres o incluso cuatro inversiones de un acorde en un compás, aunque sugeriría que usar solo uno o dos sería la mejor forma de aprovechar tu tiempo de práctica.

Por encima de todo, no esperes ser capaz de incorporar todo lo que hay en este libro de una sola vez. Es imposible retener toda esta información después de solo un corto período de estudio. Vuélvete muy bueno en el uso de un solo tipo de voicing y su inversión antes de explorar otros. En la mayoría de situaciones de bandas de jazz, las inversiones de acordes drop 2 en las cuatro primeras cuerdas y las cuatro cuerdas del medio son la mejor opción.

Como siempre, ¡diviértete!

Joseph

Otros libros de Fundamental Changes

Guía completa para tocar guitarra blues – Libro 1: Guitarra rítmica

Guía completa para tocar guitarra blues – Libro 2: Fraseo melódico

Guía completa para tocar guitarra blues – Libro 3: Más allá de las pentatónicas

Guía completa para tocar guitarra blues – Compilación

El sistema CAGED y 100 licks para guitarra blues

Cambios fundamentales en guitarra jazz: la ii V I mayor

Solos de jazz blues para guitarra

Escalas de guitarra en contexto

Acordes de guitarra en contexto

Dominio de los acordes en guitarra jazz (Acordes de guitarra en contexto –Parte 2)

Técnica completa para guitarra moderna

Dominio de la guitarra funk

Teoría, técnica y escalas – Compilación completa para guitarra

Dominio de la lectura a primera vista para guitarra

El sistema CAGED y 100 licks para guitarra rock

Guía práctica de la teoría musical moderna para guitarristas

Lecciones de guitarra para principiantes: Guía esencial

Solos en tonos de acorde para guitarra jazz

Guitarra rítmica en el heavy metal

Guitarra líder en el heavy metal

Solos pentatónicos exóticos para guitarra

Continuidad armónica en guitarra jazz

Solos en jazz – Compilación completa

Compilación de acordes para guitarra jazz

Fingerstyle en la guitarra blues

Solos en rock melódico para guitarra

Pop y rock para ukulele: Rasgueo

www.ingramcontent.com/pod-product-compliance
Lightning Source LLC
Chambersburg PA
CBHW081133090426

42737CB00018B/3317